Claudia Mast

Zeitungsjournalismus im Internetzeitalter

MEDIEN
Forschung und Wissenschaft

Band 29

LIT

Claudia Mast

Zeitungsjournalismus im Internetzeitalter

Umfragen und Analysen

LIT

Gedruckt auf alterungsbeständigem Werkdruckpapier entsprechend
ANSI Z3948   DIN ISO 9706

Bibliografische Information der Deutschen Nationalbibliothek
Die Deutsche Nationalbibliothek verzeichnet diese Publikation in der
Deutschen Nationalbibliografie; detaillierte bibliografische Daten sind
im Internet über http://dnb.d-nb.de abrufbar.

ISBN 978-3-643-11405-1

© LIT VERLAG Dr. W. Hopf Berlin 2011
Verlagskontakt:
Fresnostr. 2   D-48159 Münster
Tel. +49 (0) 2 51-620 320   Fax +49 (0) 2 51-23 19 72
e-Mail: lit@lit-verlag.de   http://www.lit-verlag.de

Auslieferung:
Deutschland: LIT Verlag Fresnostr. 2, D-48159 Münster
Tel. +49 (0) 2 51-620 32 22, Fax +49 (0) 2 51-922 60 99, e-Mail: vertrieb@lit-verlag.de
Österreich: Medienlogistik Pichler-ÖBZ, e-Mail: mlo@medien-logistik.at

Inhaltsverzeichnis

Zu diesem Buch

Wie wird sich der Zeitungsjournalismus im Internetzeitalter entwickeln? Welche Konzepte und Leitideen verfolgen die Chefredakteure von Tageszeitungen, um ihre Blätter fit für die Zukunft zu machen? Wie werden sich die gedruckten Zeitungen verändern, wenn das Internet für immer mehr Menschen zum wichtigsten Medium wird?

Diese Fragen kann heute noch niemand abschließend beantworten. Sicher ist aber, dass die gedruckten Ausgaben auch in ferner Zukunft nicht gänzlich verschwinden werden. Sicher ist aber auch, dass sich der Journalismus ändern wird. Wird er nur noch ein austauschbarer Lieferant von sog. Content und befindet er sich bald in einer Reihe mit Leserreportern, outgesourcten Autoren und Fremdzulieferungen aller Art? Steckt der Journalismus bereits in einer „Content-Falle", weil unverwechselbarer und solide recherchierter Journalismus immer mehr zu einer leicht konfektionierbaren Unterhaltungsware wird oder er nicht mehr über die personelle und finanzielle Ausstattung in den Redaktionen verfügt, um kritische und unabhängige Aufklärungsarbeit zu leisten?

Es war der Nationalökonom Karl Bücher, der bereits 1926 mit Blick auf die damalige Zeitungslandschaft auf den instrumentellen Charakter der redaktionellen Arbeit hinwies und eine für Journalisten bis heute höchst provozierende Position formulierte: „Die Zeitung (hat) jetzt den Charakter einer Unternehmung, welche Anzeigenraum als Ware produziert, die nur durch den redaktionellen Raum absetzbar wird." Ist die Tageszeitung der Zukunft nur noch dazu da, Gewinn zu erwirtschaften? Spielt die öffentliche Aufgabe daher kaum noch eine Rolle? Dagegen sprechen sich nahezu alle Chefredakteure aus. Auch, dass die gedruckten Ausgaben verdrängt werden, glauben die meisten befragten Chefredakteure nicht.

In diesem Buch werden die Umfragen unter Chefredakteuren deutscher Tageszeitungen vorgestellt, die das Fachgebiet Kommunikationswissenschaft und Journalistik der Universität Hohenheim (Stuttgart) 2002, 2006 und 2009 durchführte. Die Ergebnisse dokumentieren den Wandel der Problemwahrnehmung ebenso wie konkrete Ansätze für zukunftsorientierte Redaktionskonzepte. Über 80 Chefredakteure beteiligten sich jeweils an den Umfragen. Ihnen gilt unser besonderer Dank für die engagierte Mitwirkung und die vielen Stellungnahmen zu ausgewählten Fragen.

Das Buch wird ergänzt durch ein Special zur Entwicklung der Wirtschaftsberichterstattung. Diese Ergebnisse aus einer Gemeinschaftsstudie der Universität Hohenheim (Stuttgart) und der ING-DiBa AG (Frankfurt) analysieren den Wandel der Wirtschaftsberichterstattung aus der Perspektive des Publikums. Viele Chefredakteure kämpfen mit der Politikverdrossenheit ihrer Leser und sehen im gestiegenen Interesse vieler Bürgerinnen und Bürger an Informationen über die Wirtschaft eine Chance zur Profilierung. Allerdings stehen Zeitungen mit ihrem täglichen Produktionszyklus vor besonderen Herausforderungen, die komplexen und PR-geleiteten Argumentationen aus der Welt der Unternehmen zu entzaubern. Guter Journalismus benötigt Zeit und Geld – beides wird im Wettbewerb der Tageszeitungen immer knapper.

An diesem Buch haben noch Klaus Spachmann, Verena Gliese und Rainer Bluthard mitgearbeitet. Ihnen gilt ebenfalls mein herzlicher Dank.

Stuttgart, im September 2011

Claudia Mast
Fachgebiet Kommunikationswissenschaft und
Journalistik der Universität Hohenheim (Stuttgart)

Zwischen Bits und Bytes – Zeitungsjournalismus im Umbruch

Welche Rolle spielt der Zeitungsjournalismus in einer digitalen Welt? Wie werden sich die gedruckten Blätter verändern, wenn das Internet für immer mehr Menschen zum wichtigsten Medium wird? Diese Fragen kann heute noch niemand abschließend beantworten. Sicher aber ist, dass die gedruckten Zeitungen auch in ferner Zukunft nicht gänzlich verschwinden werden. Sicher ist aber auch, dass sich der Journalismus auf diesem Weg ändern wird.

Lässt man die viel zitierten Szenarien und Extrapolationen des Medienverhaltens im Multimedia-Zeitalter auf sich wirken, liegt die Zukunft der Gesellschaft in einer vollkommenen Aktivität des Publikums. Wirklich? Bürgerinnen und Bürger durchforsten dann Suchbäume und kämpfen sich durch die unergründlichen Tiefen der Netze, zappen unaufhörlich, denn 500 Fernsehprogramme sind nur durch harte Arbeit zu bewältigen. Sie wühlen in elektronischen Datenbanken und stellen sich ihre Zeitung höchst individuell zusammen. Sie kommunizieren virtuell mit vielen „Freunden", denen sie im realen Leben nie begegnet sind.

Selbst wenn dieses hyperaktive und virtuell agierende Publikum eine Illusion bleiben wird, ist offen, welche Rolle und welcher Einfluss dem Journalismus in diesen Mediengeflechten zukommen wird. Der Journalismus – ohnehin ein schillernder und facettenreicher Beruf – steht im Zentrum eines Umbruchs, den eine unvorstellbare Ausdehnung der medialen Möglichkeiten, die Neuverteilung der Verantwortlichkeiten und Eingriffsmöglichkeiten sowie die Aufhebung schützender Grenzen kennzeichnet. Journalisten, die mit ihrer Arbeit selbst täglich als Agenten des Wandels fungieren, werden nun zu Betroffenen.

Triebkräfte dieser Veränderungen sind keineswegs nur technische Innovationen wie das Internet, sondern auch ordnungspolitische Entscheidungen, die die ökonomischen Handlungsspielräume vergrößern, sowie die konkrete Politik der Medienunternehmen.

Die größte Herausforderung für den Berufsstand Journalismus auf dem Weg nach Multimedia stellen m. E. die Strukturveränderungen im Mediensystem dar, die mit den Begriffen „Individualisierung" und „Virtualisierung" bezeichnet werden. Interaktive Medien wie Online-Dienste und soziale Netzwerke sind Beispiele für diesen Prozess, dem die gesamte Massenkommunikation unterliegt. Steuerungsfunktionen – in Presse und Rundfunk bislang überwiegend bis ausschließlich bei den Produzenten der Medieninhalte – verlagern sich auf die Nutzerseite. Kurz gesagt: Das Publikum bekommt mehr Eingriffsmöglichkeiten, indem es z. B. entscheidet, wann welche Online-Seiten genutzt bzw. welche Pfade über Hyperlinks beschritten werden.

Journalismus entwickelt sich zunächst einmal zur Ansprache von immer kleiner werdenden Zielgruppen, deren Interessen weit homogener sind als die des „dispersen Publikums" (Gerhard Maletzke) in der Massenkommunikation. Einmal abgesehen von der Frage, welche Bedeutung diese neuen Publikumsstrukturen für das Funktionieren von demokratischer Öffentlichkeit haben, sind solche Individualisierungstendenzen durchaus ambivalent. Auf der einen Seite erleichtern sie ein gezieltes Aufgreifen von Interessen des Publikums, andererseits gerät der Journalismus in einen rigiden Rückkopplungsprozess, der von unmittelbaren Publikumsäußerungen wie Online-Kommentaren bis hin zu exakten Nutzungsprofilen reicht, d. h. Journalismus agiert in einem kontinuierlichen Prozess der unmittelbaren Erfolgskontrolle.

Probleme wie jene, die beispielsweise den Chefredakteur einer Tageszeitung in den 1990er Jahren plagten, gehören dann endgültig der Vergangenheit an. Er wollte nämlich angesichts der spärlichen Medienforschungsergebnisse wissen, ob seine Leserinnen und Leser nicht „mehrheitlich womöglich 'stille Leidende' sind – pflegeleichte Patienten, die wegen ihrer Präferenz für Familienanzeigen und Supermarkt-Sonderangebote den übrigen Inhalt der Zeitung klaglos ertragen?" Journalistische Arbeit wird verstärkt der direkten Kontrolle und Kritik des Publikums ausgesetzt, zu dem bislang ein eher distanziertes Verhältnis bestand.

Je weiter die Individualisierung der Mediennutzung fortschreitet, desto mehr wird der Einfluss der Produzenten – der Journalisten – auf den Prozess öffentlicher Kommunikation in der Gesellschaft zurückgedrängt. Mit der Verlagerung der Steuerungsfunktionen von den Kommunikatoren hin zu den Rezipienten fallen Vermittlungsmonopole oder Quasi-Monopole, wie sie Presse und Rundfunk in der Gesellschaft lange Zeit innehatten. Journalisten waren bislang die Gatekeeper der öffentlichen Kommunikation in der Gesellschaft und genossen beruflich eine Sonderstellung. Das Mediensystem bietet nun immer speziellere Leistungen an, die nur zum Teil oder überhaupt nicht mehr journalistisch bearbeitet werden. PR-Abteilungen von Banken, Versicherungen und Unternehmen bieten zum

Beispiel Verbraucherinformationen an. Neuere theoretische Ansätze der Public Relations in den USA haben sogar die Medien – ganz im Gegensatz zur Werbung – als Transportweg für allfällige Botschaften bereits eliminiert. James Grunig formulierte einmal provokativ: „There is seldom a good reason for an organisation to communicate with a mass audience."

Die PR geht zunehmend andere Wege und das Publikum auch? Schließlich stehen dem Bürger heute völlig neue Wege der Informationsbeschaffung offen, auf die Journalisten keinen Einfluss mehr haben.

Der Journalismus verliert seine Macht als Gatekeeper, als Schleusenwärter der gesellschaftlichen Kommunikation. Überspitzt formuliert – sein Einfluss schwindet: Er verliert nicht seinen Job, die Fluten zu kanalisieren. Allerdings gibt es Schleichwege, zum Teil schon Autobahnen an ihm und seiner Aufgabe vorbei.

Wenn die Macht des Publikums wächst und die Steuerungsfunktionen der Redaktionen eher abnehmen, sind die Tage eines langweiligen Journalismus ebenso gezählt wie die eines besserwisserischen. Das Fachgebiet für Kommunikationswissenschaft und Journalistik der Universität Hohenheim (Stuttgart) führt regelmäßig Umfragen unter den Chefredakteuren der Tageszeitungen durch mit dem Ziel, den Prozess des Umdenkens und der Neuorientierung praxisnah und theoretisch fundiert zu erfassen. Bereits Ende der 1990er Jahre waren die meisten der befragten Chefredakteure der Auffassung, dass es in Zukunft neben den notwendigen Qualifikationen vor allem auf das Berufs- und Selbstverständnis ankomme, mit dem Journalisten ihre Arbeit gestalten. Sie betonten, dass Berufsauffassungen wie der Journalist „als Dienstleister, der für seine Leser recherchiert und prüft", „als jemand, der dem Leser hilft, sich in der Welt zurechtzufinden" sowie „als Berater in allen Lebenslagen" künftig wichtiger werden, wohingegen Rollenverständnisse wie der Journalist „als Hüter gesellschaftlicher Werte" oder gar „als Erzieher" oder Pädagoge mit erhobenem Zeigefinger inzwischen überholt seien.

Journalismus wird zur gezielten Dienstleistung für das Publikum, die exakte Kenntnis von Zielgruppen wichtiger als thematische Spezialisierungen im Detail. Künftige Qualifikationsprofile im Journalismus sind vermutlich stärker auf die Nutzerseite (die Zielgruppe) ausgerichtet als auf die Angebotseite (die Medieninhalte bzw. Themen). Schließlich geht es um den Wettbewerb um ein knappes Gut – die Aufmerksamkeit des Publikums.

Welchen Journalismus brauchen wir? Einen „Abrufjournalismus", der geduldig auf die Reaktionen des Publikums wartet, einen Jongleur, der mit Gefühlen virtuos spielen kann oder einen aktiv operierenden Berufsstand, der um die Zuneigung der Bürger kämpft? Die Zukunft des Berufsstandes hängt m. E. ab von seiner Positionierung zwischen publizistischer Qualität einerseits, d. h. Kompetenz, Glaubwürdigkeit, Verlässlichkeit, Dienstleistungsorientierung, Engagement für den Zusammenhalt der Gesellschaft, und betriebswirtschaftlicher Effizienz andererseits, d. h. von einer konsequent auf die Erfordernisse der Publikumsmärkte ausgerichteten Vorgehensweise. Über die Positionierung in diesen Dimensionen entscheiden die Medienpolitiker, wenn sie Organisationsformen von Medien fixieren, die Verlage und Redaktionen, wenn sie die Ziele ihrer Zeitungen und Zeitschriften festlegen und nicht zuletzt die Journalisten selbst mit ihrer täglichen Arbeit.

Über Journalismus als „öffentliche Aufgabe" ist ebensoviel nachgedacht, geschrieben und räsoniert worden wie über die ökonomischen Zwänge, die ihm Grenzen setzen. Der Umbau des Mediensystems liefert viele Argumente für die Notwendigkeit von Journalisten, als Kompass im Informationsdschungel zu fungieren und für den Bürger Orientierungs- und Integrationsleistungen zu erbringen. Vielleicht steht die Gesellschaft – gerade wegen der Entwicklungen in der Medienlandschaft – vor einer Renaissance eines verantwortlichen, engagierten Journalismus, der auch bei außergewöhnlichen Ereignissen wie Wirtschaftskrisen, Umweltkatastrophen oder Berichten aus Kriegsgebieten seine Leistungsfähigkeit und sein Herz gleichermaßen beweist. Je unübersichtlicher das Medienangebot, desto größer wird der Bedarf an verlässlichen, glaubwürdigen und unabhängigen Informationen – nicht zuletzt auch unter demokratietheoretischen Überlegungen.

Die aktuelle Debatte über die Marktorientierung und den gesellschaftlichen Auftrag des Journalismus hat sich bedauerlicherweise auf die Entscheidung „entweder – oder" verhärtet. Dabei wird gerne vergessen, dass das Publikum wie auch der Journalismus Doppelrollen ausüben: als Marktteilnehmer und Staatsbürger. Im demokratischen Gemeinwesen genügt es nicht, nur Marktteilnehmer zu sein. Wenn das Modell funktionieren soll, werden Staatsbürger benötigt, die gut und umfassend informiert sind und am politischen Leben partizipieren, d. h. die Rolle des Journalismus erschließt sich nicht mit einer Argumentation des „entweder" publizistische Qualität „oder" betriebswirtschaftliche Effizienz, sondern durch ein „sowohl – als auch". Wenn es auch in der journalistischen Arbeit gelingt, an die Stelle des „entweder – oder" gefühlsmäßig das „sowohl – als auch" zu setzen, wird Handlungsspielraum geschaffen, den der Journalismus für seine künftige Positionierung benötigt – als Berufsstand in der Gesellschaft oder als Redaktion in Medienunternehmen. Ihm muss es gelingen, nicht nur die Aufmerksamkeit des Publikums zu fesseln und zu binden, sondern vor allem im Binnenverhältnis der Unternehmen Strukturen und Abläufe konsequent auf den Markt auszurichten.

Offen ist, welche Rolle die „öffentliche Aufgabe" der Medien künftig spielt und wie sich die Medienunternehmen künftig zu ihrer gesellschaftspolitischen Verantwortung bekennen. Welche Rolle wird die publizistische Qualitätssicherung spielen? Die Glaubwürdigkeit von Medien – seien es Zeitungen, Zeitschriften oder Rundfunkprogramme – hängt letztlich davon ab, ob das Publikum den publizistischen Leistungen vertraut, weil es Sorgfalt, Verlässlichkeit und zu einem gewissen Maß auch Unabhängigkeit unterstellt. Freie Journalisten oder Teams, die davon leben, dass ihre Arbeit auf den Beschaffungsmärkten nachgefragt wird, und die gewinnorientiert handeln, werden wohl eine neue Art Journalismus prägen, einen unternehmerischen Journalismus.

Der Journalist als gewinnorientierter Unternehmer: Diese Facette im Berufsbild ist neu. Es wird sich zeigen, wo in dieser Konstellation die Schnittstelle zwischen publizistischen und ökonomischen Zielen liegen wird. Jedenfalls handelt es sich beim Outsourcing um eine betriebswirtschaftliche Maßnahme mit unsicherem Ausgang für die publizistischen Leistungen. Wie wird sich das Kräfteparallelogramm zwischen fest angestellten Redakteuren und freien Unternehmensjournalisten entwickeln? Wird Janus, der zweigesichtige Gott römischer Überlieferung, wirklich zum Symbol für den Journalismus in der multimedialen Gesellschaft?

Die Diskussion, ob Marktorientierung die Erfüllung der öffentlichen Aufgabe im Journalismus konterkariert, geht sicher von einer unbewiesenen Gegensätzlichkeit aus. Weiter führen Überlegungen, wie Qualitätssicherung in der beruflichen Arbeit gewährleistet wird und wie sie finanziert wird. Gesucht werden auch die Aus- und Weiterbildungswege, die die Grundlagen für einen solchen Journalismus legen. Schließlich geht es um die Bedingungen, damit das Publikum den publizistischen Leistungen vertrauen kann. Betriebswirtschaftliche Investitionen in die Redaktionen sind auch Investitionen in deren Glaubwürdigkeit und Qualität. So gesehen braucht die Gesellschaft keinen billigeren, wohl aber einen besseren

Journalismus. Journalismus wird im Multimedia-Zeitalter nicht nur überleben, sondern auch aufleben, wenn es ihm gelingt, der Glaubwürdigkeitsfalle zu entgehen. Seine Aufgabe wird schwieriger, seine Funktion
als Kompass im Informationsdschungel aber ist unerlässlich.

A. Umfragen unter Chefredakteuren der Zeitungen

In regelmäßigen Abständen befragt das Fachgebiet für Kommunikationswissenschaft und Journalistik der Universität Hohenheim (Stuttgart) die Chefredakteure der deutschen Tageszeitungen, welche publizistischen Innovationen sie planen und welche Erfahrungen sie mit neuen redaktionellen Konzepten gemacht haben. Das Buch dokumentiert die wichtigsten Umfragen 2002, 2006 und 2009 zur Zukunft der Zeitungen. Die Ergebnisse spiegeln zum jeweiligen Zeitpunkt den Stand der Überlegungen in den Chefredaktionen. Sowohl die Problemwahrnehmung wie auch die Lösungsansätze haben sich innerhalb eines Jahrzehnts enorm verändert.

I. Neues Denken, neue Wege – Große Unsicherheiten über die künftige Position (2002)

Einbrüche bei Auflagen und Anzeigen, gnadenloser Wettbewerb der Medien untereinander, Internet als neuer Konkurrent – die Hiobsbotschaften für die Tageszeitungen nehmen kein Ende. Viele Zeitungsverlage reagieren mit betriebsbedingten Kündigungen – auch in den Redaktionen – und der Rücknahme von Leistungen. Beilagen und Sonderseiten werden vielerorts eingestellt, Etats gekürzt und Online-Engagements auf den Prüfstand gestellt. Bislang konkurrierende Redaktionen bilden gemeinsame Artikelpools, ganze Zeitungsseiten werden „outgesourct". Sparen, sparen, sparen …

Verlage und Redaktionen suchen verzweifelt nach Auswegen aus der Krise. Was sind die Ursachen? Welcher Weg ist aussichtsreich? Wie können die Tageszeitungen auch in Zukunft auf den Medienmärkten noch erfolgreich agieren? Das Fachgebiet für Kommunikationswissenschaft und Journalistik der Universität Hohenheim (Stuttgart) führte im August 2002 eine Umfrage unter Chefredakteuren deutscher Tageszeitungen durch. 85 Redaktionschefs (das sind 63 %) antworteten und gaben ein überraschend klares Votum ab. Die Ergebnisse der Umfrage belegen, dass die Redaktionen zwar den Problemdruck wahrnehmen, aber noch unsicher sind über die künftige Positionierung.

In den akuten Problemen der Zeitungen mischen sich zwei Einflüsse: die aktuelle Wirtschaftskrise und die 2002 schon deutlich spürbaren Strukturverschiebungen in der Medienlandschaft, die zu Verhaltensänderungen bei Mediennutzern wie auch bei den Anzeigenkunden führen. Nahezu alle Chefredakteure (94 %) sehen bereits im Jahr 2002 das schwierige konjunkturelle Umfeld als eine Ursache für die Krise an. Knapp zwei Drittel (61 %) halten die Abwanderung von Anzeigen ins Internet für ein weiteres, gravierendes Problem. 42 % der befragten Chefredakteure machen sich auch keine Illusionen über die publizistische Leistungsfähigkeit der Zeitungen und geben den Wandel im Leserverhalten als Ursache für die missliche Lage der Blätter an. Auch wenn die aktuelle Konjunkturkrise überwunden ist, werden also die strukturellen Probleme der Tageszeitungen nicht gelöst sein. Die Verlage hatten sich im Jahr 2002 – verwöhnt vom Erfolg – jahrelang vorrangig auf die Vermarktung ihrer Reichweiten in der Werbung konzentriert und damit gut verdient. Leserkontakte wurden an die Anzeigenkunden verkauft, die sich aber nun teilweise anderen Medien zuwenden. Was nun, wenn die vielfältigen Sparmaßnahmen nicht helfen, weil auch die Leser neue Anforderungen an das Produkt Tageszeitung stellen und nicht zufrieden sind?

Neues redaktionelles Profil

Die Krise zwingt zum Umdenken und zu einer neuen inhaltlichen Positionierung der Zeitungen im vielstimmigen Konzert der Medien. Das publizistische Profil der Zeitungen soll sich künftig – so die befragten Chefredakteure – nicht nur an der Ereignisberichterstattung orientieren, sondern vielmehr die Konsequenzen von Entwicklungen in der Welt dem Leser erklären. Das ist eine klare Abkehr vom klassischen Verlautbarungsjournalismus, den ohnehin andere Medien schneller liefern. Die Blätter sollen inhaltlich modernisiert werden. 90 % der Chefredakteure plädieren für Zeitungen, die die Zusammenhänge erklären, weniger die Ereignisse selbst, als vielmehr deren Auswirkungen für die Leser behandeln (91 %) und – im Falle von Regionalzeitungen – die Inhalte klar regionalisieren (89 %).

In Zukunft werde vor allem die Analyse, Einordnung und Bewertung von Themen das Gesicht von Zeitungen prägen. In diesem Punkt sind sich alle befragten Chefredakteure einig. Inhalte müssen vermehrt unabhängig von der Nachrichtenlage aufgegriffen werden, sagen 61 % der Chefredakteure. Die Zeitungen fungieren verstärkt als Ratgeber für alle Lebensfragen und als Navigatoren im Dschungel der Informationen. 80 % der Chefredakteure sprechen sich für eine verstärkte Ausrichtung der Redaktionen auf Nutzwert-Themen aus – in allen Ressorts. Nutzwert werde sich künftig also nicht nur in Service-Teilen verstecken, sondern über die Wirtschaft hinausgehend auch in der Politik, im Feuilleton, dem Sport und natürlich auch im Lokalen angeboten werden. Damit beginnt bereits 2002 ein Prozess, der die Positionierung der Tageszeitungen von ihrer Funktion als „Chronisten" bzw. Spiegel der Gesellschaft hin zum Ratgeber, Interpreten und Navigator in einem überbordenden Informationsangebot verschiebt. Die einzelnen Zeitungen gehen jedoch diesen Weg zu diesem Zeitpunkt noch mit unterschiedlicher Entschlossenheit. Viele Blätter zaudern noch.

Neue Anforderungen an Journalisten

Mit der Neupositionierung der Tageszeitungen und ihrer Suche nach publizistischem Profil im Medienwettbewerb verändern sich bereits 2002 die Erwartungen, die die Chefredakteure gegenüber Journalisten haben. Themen erkennen (94 %), kritisch Hintergründe analysieren (95 %) und daraus Handlungsempfehlungen bzw. Ratschläge für die Leser zu entwickeln (81 %), wird von nahezu allen Befragten an erster Stelle genannt. Diese Anforderungen werden – so die Chefredakteure – in Zukunft noch empfindlich zunehmen. Dazu gehöre auch eine exakte Kenntnis der Zielgruppen (69 % der Chefredakteure) und das Einfühlungsvermögen in die Wünsche und Sorgen, d. h. die Befindlichkeit der Leser. Sie sind nicht immer hoch konzentriert und ausgeruht, wenn sie zur Zeitung greifen, sondern oft müde, gestresst oder abgespannt. Ihnen eine entspannende Lektüre der Zeitung zu ermöglichen, werde in Zukunft immer wichtiger. 71 % der Chefredakteure dringen darauf, nicht nur unterhaltenden Lesestoff zu bringen, sondern auch die Inhalte der Zeitungen ansprechend zu präsentieren. Dann komme es z. B. auf die verwendete Sprache, originelle Darstellungsformen, beliebte Rubriken, Illustrationen oder Bilder an.

Das Verständnis von Aktualität im Tageszeitungsjournalismus beginnt sich zu ändern und wird immer weniger aus der Perspektive der Nachrichtenlage und Ereignisse oder gar mit Blick auf die „Kollegen" definiert. Der Leser, seine aktuelle Situation und Befindlichkeit, wird zur Leitidee des Tageszeitungsjournalismus. Aus der Aktualität als zeitlicher Beziehung zwischen Aktionen, Handlungen und „events" und der Berichterstattung wird mehr und mehr eine Aktualität, die sich aus der Bedeutung dieser Nachrichten für die Leser versteht. Journalisten werden daher künftig verstärkt als Dienstleister für ihre Leserschaft agieren. Dabei setzen sie ihre Fachkenntnisse insbesondere für das rechtzeitige Aufgreifen und Bearbeiten von Themen ein. Diese müssen anschließend kritisch überprüft werden, um dem Publikum als Orientierungshilfen dienen zu können.

Ressortgrenzen werden durchlässig

Wenn das Produkt Tageszeitung konsequent aus der Perspektive der Publikumsorientierung durchdacht wird, müssen Themen offensiv geplant und auch über Ressortgrenzen hinweg bearbeitet werden. Die Redaktionsstrukturen werden künftig durchlässiger gestaltet, lautet das übereinstimmende Urteil der Chefredakteure im Jahr 2002. Sie verfolgen zu diesem Zeitpunkt Schritt für Schritt als wichtigstes Ziel für die Zukunft die ressortübergreifende Themenbearbeitung und die Überwindung der Ressortgrenzen, um die Redaktionen fit für den Wettbewerb der Medien zu machen. 94 % der befragten Chefredakteure wollen diese Modernisierung der Redaktionsabläufe z. B. durch Themen-Teams oder Projektgruppen erreichen. 59 % plädieren sogar für mehrmediale Produktionsprozesse, d. h. die Redakteure arbeiten für die gedruckte Ausgabe und die Online-Version der Zeitungen gleichzeitig. Bis zum Jahr 2002 ist die Abstimmung oder gar Zusammenarbeit zwischen Print und Online noch wenig ausgeprägt. Jedenfalls sollen die Ressortgrenzen in der Tagesarbeit fallen. Dieses Ziel haben sich 89 % der Chefredakteure für die kommenden Jahre vorgenommen. Journalisten werden also künftig stärker themenorientiert und für mehrere Medien arbeiten.

Sind die Arbeitsabläufe in den Redaktionen geeignet, um im Wettkampf der Medien attraktive Zeitungen zu produzieren? In den Chefredaktionen wird im Jahr 2002 weniger über neue Zuschnitte von Ressorts oder gar Newsrooms nachgedacht, als vielmehr über Prozesse, die herkömmliche Grenzen und Barrieren in den Arbeitsabläufen überwinden oder gar völlig aufheben. Um diese redaktionellen Produktionsprozesse zu steuern, wird das Managementinstrument der Zielvereinbarung verstärkt angewandt. 60 % der befragten Chefredakteure glauben, dass künftig klare Zielvorgaben für die Redakteure notwendig sind, d. h. ein auf Zielvereinbarungen ausgerichtetes Redaktionsmanagement auf allen Ebenen. Schließlich lautet das Fernziel für die nächsten Jahre: Themen sollen mehr und mehr ressort- und medienübergreifend, d. h. für mehrere Ressorts oder Medien, bearbeitet werden. Spätere Newsroom-Strukturen werden in ersten Ansätzen vorbereitet.

Auch die Grenzen zwischen Verlag und Redaktion, die einst als wichtige Koordinate für das journalistische Selbstverständnis galten, verlieren bereits 2002 an Kontur. Die bessere Einbindung der Redaktion bei Verlagsentscheidungen verlangen 81 % der Chefredakteure. 78 % plädieren aber auch für eine kontinuierlichere Zusammenarbeit zwischen Redaktion und Verlag. Ist es in Zukunft wichtig, dass die Chefredaktion auch Mitglied der Geschäftsleitung ist? In dieser Frage gehen zu diesem Zeitpunkt die Meinungen noch auseinander. Etwa die Hälfte der Chefredakteure will künftig auch Mitglied der Verlagsleitung (53 %) sein, die andere Hälfte jedoch glaubt, diese organisatorische Integration sei nicht notwendig. Nur 41 % plädieren für ein Vetorecht der Redaktion bei Verlagsentscheidungen, die überwiegende Mehrheit lehnt diesen Vorschlag ab.

Die befragten Chefredakteure sprechen sich in der Umfrage 2002 aber eindeutig für eine stärkere Beteiligung und gar Einbindung der Redaktion in Verlagsentscheidungen und eine engere Zusammenarbeit der beiden Bereiche aus, die sich in der Vergangenheit in vielen Häusern eher distanziert gegenüberstanden. Die Krise verlangt in ihren Augen ein Zusammenrücken, ein gemeinsames Überdenken der bisherigen Angebotspolitik und eine Modernisierung der Arbeitsabläufe in Verlagen und Redaktionen gleichermaßen. Traditionelle Grenzen zwischen Ressorts bzw. Redaktion und Verlag verlieren an Bedeutung, so ihre Einschätzung. Schließlich zwinge die Krise der Tageszeitungen zu neuem Denken und neuen Managementmodellen, sagen die Chefredakteure im Jahr 2002.

II.   Chefredakteure auf Leserfang – Redaktionen im Griff der Medienkrise (2006)

Der deutsche Zeitungsmarkt – immerhin der fünftgrößte der Welt nach China, Indien, Japan und den USA – schrumpft. Die Auflagen gehen zurück. Spätestens im Jahr 2006 wird klar, dass die Verlage und Redaktionen zu lange gewartet und die notwendigen Neuorientierungsprozesse zu zaghaft umgesetzt haben. Die Probleme mit der Abwanderung junger Leser wurden zwar gesehen, Projekte wie „Zeitung in der Schule", „Zeitung4you" oder „ZeitungsZeit" durchgeführt, aber die Anpassung an das veränderte Mediennutzungsverhalten der Leserschaft nicht konsequent genug angepackt. Nun aber sind die Tageszeitungen aus ihrem Dornröschenschlaf aufgewacht und versuchen energisch, Leser zu fangen, sie experimentieren und fahnden nach Wegen, wie sie mit dem Fortschritt der digitalen Welt Schritt halten können.

Das Fachgebiet für Kommunikationswissenschaft und Journalistik der Universität Hohenheim (Stuttgart) führte im Dezember 2006 eine weitere Umfrage unter Chefredakteuren über die Zukunft der Zeitung durch. Von 138 Tageszeitungen in Deutschland haben sich 87 an der Umfrage beteiligt, d. h. zwei Drittel der Chefredakteure antworteten. Dieser Rücklauf ist sehr hoch (Repräsentativität) und zeigt auch die Betroffenheit der Redaktionen. Das Thema geht unter die Haut. Schließlich geht es um die eigene Zukunft.

Wandel der Problemwahrnehmung

Wo liegen eigentlich die Ursachen für die Probleme der Tageszeitungen? Auf diese Frage meinten im Jahr 2002 noch nahezu alle Chefredakteure (94,1 %), dass in erster Linie die schlechte Konjunktur die Zeitungen in die missliche Lage brachte. Kein Wunder, denn nach dem Platzen der New-Economy-Blase folgten drastische Einbrüche bei Werbeeinnahmen und Auflagen. Im Vergleich zu den Antworten vier Jahre später (vgl. Abb. 1) wird deutlich, wie sehr sich die Problemwahrnehmung der Chef redakteure geändert hat. Nicht mehr die Konjunktur wird im Jahr 2006

Abbildung 1: Probleme der Tageszeitungen im Jahr 2006

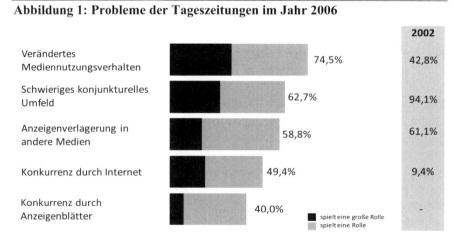

	2006	2002
Verändertes Mediennutzungsverhalten	74,5%	42,8%
Schwieriges konjunkturelles Umfeld	62,7%	94,1%
Anzeigenverlagerung in andere Medien	58,8%	61,1%
Konkurrenz durch Internet	49,4%	9,4%
Konkurrenz durch Anzeigenblätter	40,0%	-

■ spielt eine große Rolle
▨ spielt eine Rolle

Quelle: Umfrage unter Chefredakteuren deutscher Tageszeitungen (n = 87), Dezember 2006. Frage: „Die Tageszeitungen befinden sich derzeit in einer schwierigen Situation. Welche Rolle spielen Ihrer Meinung nach folgende Probleme?"

vorrangig als „das" Problem der Zeitungen angesehen, sondern nun richtet sich die Aufmerksamkeit der Redaktionen auf das veränderte Mediennutzungsverhalten der Menschen (74,7 %). Auch das Konkurrenzmedium Internet wird jetzt erst richtig wahrgenommen. Waren 2002 nur 9,4 % der Chefredakteure der Überzeugung, dass im Netz eine publizistische Konkurrenz besteht, sind es vier Jahre später nahezu die Hälfte (48,8 %). Online-Medien sind vor allem bei jungen Lesern zum wichtigen Informationsmittel geworden und somit zum Wettbewerber der Pressemedien. Die Abwanderung von Anzeigen ins Netz bleibt in der Einschätzung der Befragten (61,1 %, 59,3 %) unverändert als gravierender ökonomischer Einfluss erhalten. Auch Anzeigenblätter werden im Jahr 2006 von 39,6 % der Redaktionsmanager als Bedrohung empfunden, wohl im Vorgriff auf künftig drohende, kostenlose Tageszeitungen, die in Deutschland – anders als zum Beispiel im Nachbarland Schweiz – (noch) keine Rolle spielen.

Der allgemeine Auflagenschwund wird also nicht mehr als ein vorrangig konjunkturelles Problem, sondern als ein struktureller, ökonomischer und publizistischer Anpassungsprozess angesehen. Die Tabloid-Ausgaben von Zeitungen, die kurzfristig als Rettung aus der Krise gepriesen wurden, schaffen es offensichtlich auch nicht, die – vor allem jungen – Nichtleser zum Medium Zeitung zurückzubringen. Die Frage des Formats ist zwar hilfreich für den Lesekomfort mobiler Menschen und eine gute Anpassung an veränderte Lesegewohnheiten insbesondere junger Leser, aber kein Ausweg aus dem Dilemma.

Die befragten Chefredakteure wollen im Jahr 2006 die Zukunft ihrer Tageszeitungen sichern durch eine behutsame Neupositionierung der Ausgaben, eine konsequente Qualitätspolitik, eine bessere Vernetzung von Print- und Online-Inhalten und „mehr Jugendlichkeit in Form und Inhalt", wie ein Chefredakteur betont. Das traditionsbewusste, alte Medium Zeitung ist auf der Suche nach Lesernähe, eigentlich eine Selbstverständlichkeit für kundenorientierte Medien, aber offensichtlich vernachlässigt. Die Redaktionen absolvieren in dieser Zeit – wie die Ergebnisse der Umfragen zeigen – ein Fitnessprogramm. Sie wollen ihre Kondition für den harten Wettbewerb der Medien um die Aufmerksamkeit der Leser stärken.

Nicht gefragt: Untergangsphilosophien

Angesichts des Auflagenschwunds der Tagespresse werden vielerorts Stimmen laut, die das Ende des Mediums prophezeien. Die Kommentare der befragten Chefredakteure zur These des amerikanischen Medienexperten Philip Meyer, die letzte gedruckte Zeitung werde im April 2040 erscheinen, waren eindeutig. Nur vereinzelt war eine gelassene Resignation spürbar. Ein Befragter sagt: „Warum sollen wir dem Schicksal entgehen wollen, wenn die anderen Kanäle unsere Geschäfte weiter erlauben? Auch auf neuen Wegen lassen sich Informationen verkaufen und Reichweiten vermarkten." Die meisten Chefredakteure machen unmissverständlich deutlich, dass Untergangsvisionen in ihren Augen „Unfug" oder „Quatsch" seien und zudem für die alltägliche Motivation der Redaktionen keineswegs hilfreich. Sie setzen auf Qualität im Sinne von „starker lokaler Kompetenz" und auf eine „Zeitung als Leuchtturm im Informationsdickicht", für die gilt: „Der Nutzwert muss stimmen." Dazu kommen „Regionalisierung, Spezialisierung, Erklärung, Aufklärung und Dechiffrierung von Sachverhalten", wie ein Chefredakteur aus Norddeutschland empfiehlt. Hierbei wird die Kernkompetenz beschworen, die offensiv gestärkt werden soll, nämlich „dem Leser Orientierung, Hintergründe und seriöse Informationen bieten" (Chefredakteur aus Ostdeutschland). Qualität wird also nicht nur im Themenmix, sondern auch in der Präsentation angestrebt. Der Kampf gegen Langeweile („keine langweiligen Blätter machen" – so ein Chefredakteur aus der Bundeshauptstadt) und die Entwicklung interessanter, neuer Formate stehen im Vordergrund. „Eine SMS-Meldung ist anders als ein Internet-Stück oder eine Zeitungsnachricht", sagt ein Chefredakteur einer Regionalzeitung.

Allerdings sind sich viele Redaktionsleiter bereits 2006 bewusst, der Weg in die Zukunft fordert die Fähigkeit und Bereitschaft der Journalisten heraus, Abläufe, Arbeitsroutinen und Selbstverständnisse zu ändern. Ein Chefredakteur einer großen Regionalzeitung sagt: „Die Tageszeitung muss sich in den nächsten zehn Jahren schneller und selbstbewusster verändern als in den 60 Jahren zuvor. Sie muss hintergründiger in der Sprache und im Inhalt konkreter, klarer, optischer und vor allem lokaler werden." Ein Kollege einer Boulevardzeitung bekräftigt: „Qualität, Inhalt, Mobilität und letztlich Wandlungsfähigkeit werden der Zeitung ihren Platz in der Zukunft sichern."

Große Hoffnungen setzen die Chefredakteure in West- und Ostdeutschland auf Nutzwert, Lebenshilfe und Erklärungen. „Nur die gedruckte Zeitung ermöglicht die schnelle und effiziente Information über Dinge, nach denen ich nicht gezielt suchen kann, weil ich noch gar nicht weiß, dass es die Information überhaupt gibt" (süddeutscher Chefredakteur).

Den Nutzwert alleine zu stärken, reicht aber nicht aus. Dreh- und Angelpunkt ist die Stärkung der Kernkompetenz der Zeitungen, ihre Nähe zum lokalen und regionalen Raum sowie ihre emotionale Anbindung an die Leser. Diese Kompetenzen gelte es auszuspielen und sich konsequent auf folgende Punkte zu konzentrieren: „Service, Lokales und Regionales sowie ein spezifisches Eingehen auf Leserbedürfnisse" (westdeutscher Chefredakteur). Zeitungen schärfen ihr Profil, indem sie „Vorgänge des Tages kompetent erklären und aus den Nachrichten etwas machen, das es dem Leser erlaubt, die Bezüge einzuordnen" (ostdeutscher Chefredakteur).

Auf welche Weise können Zeitungen düsteren Prognosen über ihre Zukunft entgehen? Ein Chefredakteur einer süddeutschen Zeitung ist sich sicher: „Mit einer crossmedial arbeitenden Redaktion, die Zeitung als Qualitätsprodukt begreift und auf Nachhaltigkeit setzt, also erklärt, und Journalismus mit Kompetenz und Leidenschaft betreibt." Ein Kollege appelliert ergänzend: „Zukunft durch Qualität, Aktualität und leserfreundliches Design! Im Übrigen: Tot gesagte leben besonders lang!" Warum? „Das Internet wird so explodieren, dass der Konsument daran die Lust verliert", vermutet ein Chefredakteur einer Boulevardzeitung. Prinzip Hoffnung, nüchterner Realismus und Kampfbereitschaft – so lässt sich die Stimmung der Chefredakteure mit Blick auf die künftigen Turbulenzen im Jahr 2006 umschreiben.

Digitalisierung – Umsturz im Denken und Fühlen von Journalisten

Die Digitalisierung ist auf den ersten Blick „nur" eine technische Innovation, die die beweglichen Lettern Gutenbergs zu virtuellen Buchstaben macht – aber mit enormen Auswirkungen für Verlage und Redaktionen. „Wir verlassen das Gutenberg-Zeitalter" (Dr. Dirk Ippen) und „erleben den größten Medienumbruch, seit Gutenberg die movable types erfand" (Dr. Hubert Burda). „Zeitungen können ihren Platz nur halten, wenn sie das tun, was die anderen nicht können – Hintergründe erklären, Sachverhalte ordnen und Zusammenhänge darstellen", betont der Schweizer Verleger Michael Ringier.

Genau betrachtet führt die Digitalisierung zum Wegfall technischer, medialer und struktureller Grenzen bei der redaktionellen Arbeit. Der sog. Content löst sich aus der Bindung an die gedruckte Tageszeitung und kann über Mediengrenzen hinausgehend eingesetzt werden. Diese medienunabhängige Verfügbarkeit von Inhalten – ergänzt durch die technisch möglichen, vielfältigen Formate, die Multimedialität und Interaktivität – fächert ein breites Spektrum von Möglichkeiten auf. Viele Redaktionen sind im Jahr 2006 noch wenig vertraut im Umgang mit der medialen Vielfalt.

Der Ausgangspunkt für journalistisches Planen ist künftig nicht mehr wie in der Vergangenheit ein Medium, nämlich die Druckausgabe der Zeitung verbunden mit Fragen wie: „Welche Zielgruppen erreicht die Zeitung? Welche nicht?" Redaktionelle Überlegungen konzentrieren sich nun Schritt für Schritt auf Themen und Inhalte, die vorhanden sind, recherchiert oder „neu" gebündelt werden. Ausgehend von diesem Content lautet nun für immer mehr Journalisten die Frage: „Über welche Medien können diese Inhalte für welche Zielgruppen angeboten werden? Können junge Leser durch attraktive Angebote auf Online-Seiten angesprochen werden?" Gedruckte Zeitungen müssen also nicht mehr für alle Zielgruppen im Verbreitungsgebiet in gleichem Maße das Basismedium bleiben, sondern können sich neu positionieren, zu einer multimedialen Medienmarke entwickeln und als Ergänzung zu Online- und Mobilmedien oder anderen Kanälen genutzt werden.

Hinzu kommen die Formatierungsmöglichkeiten in der digitalen Welt: Inhalte können auf Zielgruppen exakt zugeschnitten, kombiniert und optimiert werden. Ob gedruckte Broadsheet- oder Tabloid-Ausgabe, ob Papier-, Internet- oder Handy-Informationen – der Rundfunk hat in den vergangenen Jahren gelernt, mit Formatierungen von Sendungen und Programmen umzugehen. Die Tageszeitungen stehen im Jahr 2006 noch am Anfang dieser Entwicklung.

Die Chance zur Multimedialität heißt nicht, dass gleichzeitig alle Verbreitungsmöglichkeiten auch ergriffen werden müssen, aber dass die Möglichkeit dazu besteht, dem Leser sinnvolle Kombinationen anzubieten. Das spricht zum Beispiel für das Web-First-Prinzip, d. h. Nachrichten werden dort zuerst veröffentlicht, wo sie am schnellsten zum Leser kommen. Das können auch Handys sein.

Die Möglichkeit zur Interaktivität verbessert den Kontakt zu den Lesern und eröffnet den gedruckten Zeitungen letztlich Chancen, ganz nah an ihre Leser heranzukommen. Lokales bedeutet dann nicht nur das Geschehen in der Stadt oder im Dorf, sondern umfasst auch mikrolokale Nachrichten und vor allem Bilder von Feiern, Festen, Partys oder von den Freunden des Lesers – mit fließenden Übergängen zum privaten Leben, das gerne öffentlich gemacht wird.

Die technisch möglichen, vielfältigen Gestaltungen von journalistischem Content zwingen die Redaktionen, ihre Arbeitweisen grundsätzlich umzustellen. Journalisten müssen lernen, in Themen und Storys zu denken – und nicht in Medien. Nicht die Zeitung ist der Ausgangspunkt, sondern ein Thema, das für Zielgruppen interessant und wichtig ist. Was muss die Zielgruppe wissen? Welchen Nutzen hat sie von den Themen? Über welche Medien muss sie angesprochen werden? Was können gedruckte Ausgaben leisten? Journalisten sind nun nicht mehr Autoren von höchst individuellen Zeitungsartikeln, sondern von Geschichten, Analysen, Erklärstücken, Hintergründen und Handlungsempfehlungen, die in mehreren Medien erscheinen können. Dieses Umdenken und der Wandel des Selbstverständnisses, aber auch die gefühlsmäßige Bewältigung der ge-

Abbildung 2: Position der Zeitung im Medienverbund

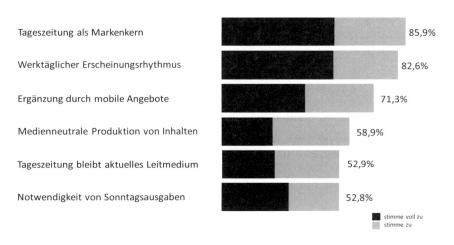

Quelle: Umfrage unter Chefredakteuren deutscher Tageszeitungen (n = 87), Dezember 2006. Frage: „Die Position der Tageszeitungen im Medienmarkt verändert sich. Welche Rolle wird die Tageszeitung Ihrer Einschätzung nach in Zukunft im Verbund mit anderen Medien spielen?"

änderten Arbeitsabläufe und Aufgaben in den Redaktionen gehen jedoch langsamer voran als viele Chefredakteure glaubten und dauern noch an.

Positionierung der Zeitungen im Medienverbund

Wo steht die Tageszeitung im Medienverbund (vgl. Abb. 2)? Die befragten Chefredakteure sagen im Jahr 2006 klar: Tageszeitungen sollen trotz diversifizierter Angebote der Verlage der Markenkern bleiben (85,9 %). Schließlich haben Marken die Funktion, Bedürfnisse zu befriedigen und Orientierung zu bieten. Auch Überlegungen, die Zeitungen in die Wochenaktualität zu führen, bekommen eine Absage. 82,6 % der befragten Chefredakteure sprechen sich ausdrücklich für einen werktäglichen Erscheinungsrhythmus aus. Allerdings sehen die Redaktionsmanager – mit Blick auf die Bedürfnisse ihrer Leser – die Ergänzung durch mobile Angebote (71,3 %) als vordringlich an. Sie sind auch der Überzeugung, dass künftig die Inhalte nicht mehr speziell für die gedruckte Zeitung, sondern medienneutral produziert und für verschiedene Kanäle konfektioniert werden (58,6 %).

Gut die Hälfte der Chefredakteure plädiert für eine siebte Ausgabe der Zeitungen (52,8 %), nicht als ein Spezialprodukt, sondern zur Stärkung der gedruckten Ausgaben beim Leser, der am Sonntag nicht anderen Medien überlassen werden sollte. Ob die Tageszeitungen das aktuelle Leitmedium schlechthin – publizistisch betrachtet – bleiben werden, darüber waren sich die Chefredakteure keineswegs einig. Die Unsicherheit ist groß im Jahr 2006 – und im Übrigen auch der Fatalismus angesichts der Leistungsstärke elektronischer Medien, vor allem des Fernsehens und Internets.

Zeitung – quo vadis?

In der Umfrage 2006 wurden die Chefredakteure mit zugespitzten Szenarios über die Zukunft der Tageszeitung konfrontiert (vgl. Abb. 3). Ihr Urteil ist – von den kleinen Zeitungen bis zu den großen Blättern, bei Abonnement- und Boulevardzeitungen in Ost- und Westdeutschland – überraschenderweise homogen. Die Berichterstattung über die Ereignisse des Tages verliert – so knapp zwei Drittel der befragten Chefredakteure (61,9 %) – an Bedeutung, dafür wird die Auswahl der Themen stärker vom Nutzen und der Betroffenheit der Leser gesteuert. Andere Medien können eben aktueller sein oder – wie es ein Chefredakteur ausdrückt: „Aktualität bieten heute Internet und elektronische Medien." Ein Kollege betont: „Zeitungen müssen verlässliche Hintergründe liefern und Themen bündeln. Sie taugen nicht für die schnelle Nachricht." Ein anderer: „Wir greifen Themen auf (z. B. aus dem TV), setzen selbst welche (Region) und orientieren uns natürlich am Leserinteresse (Betroffenheit)." Hiermit ist weniger die Emotionalität im Sinne eines Boulevardjournalismus angesprochen, sondern es wird wichtig, das Lebensgefühl der Bürger zu treffen, d. h. ihre Befindlichkeiten zu kennen. Die regionale Themensetzung – so ein Befragter – werde wichtiger, die alte Seite 1 mit dem Inhalt der „Tagesschau" vom Vorabend habe ausgedient. Einige Blätter setzen auf Schwerpunktthemen, die aber erläutert und eingeordnet werden. Damit verändert sich die Rolle der Zeitungen als Chronist des Tages. Sie entwickeln sich vom Berichterstatter zum Kompass durch den Informationsdschungel, vom Kartographen, der die Erde vermisst, zum Polarstern, der die Richtung für die Orientierung der Menschen im Alltag gibt. Allerdings hat etwa ein Drittel der Chefredakteure (38,1 %) noch im Jahr 2006 enorme Bedenken, den Weg von der primären zur sekundären, „gefühlten" Aktualität einzuschlagen. Sie glauben, dass die Tagesaktualität letztlich die Identität der Zeitungen ausmache oder – wie es ein

Abbildung 3: Tageszeitung der Zukunft – quo vadis?

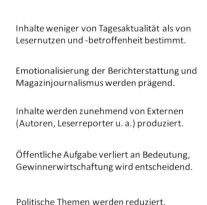
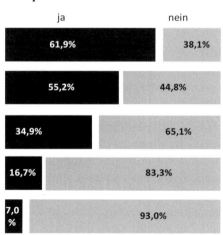

	ja	nein
Inhalte weniger von Tagesaktualität als von Lesernutzen und -betroffenheit bestimmt.	61,9%	38,1%
Emotionalisierung der Berichterstattung und Magazinjournalismus werden prägend.	55,2%	44,8%
Inhalte werden zunehmend von Externen (Autoren, Leserreporter u. a.) produziert.	34,9%	65,1%
Öffentliche Aufgabe verliert an Bedeutung, Gewinnerwirtschaftung wird entscheidend.	16,7%	83,3%
Politische Themen werden reduziert.	7,0 %	93,0%

Quelle: Umfrage unter Chefredakteuren deutscher Tageszeitungen (n = 87), Dezember 2006; Angaben „stimme zu" und „stimme überwiegend zu" bzw. „stimme nicht" und „stimme eher nicht zu".
Frage: „Im Folgenden haben wir einige zugespitzte Szenarien zur Tageszeitung der Zukunft formuliert. Bitte geben Sie jeweils an, ob Sie der These zustimmen oder nicht. Bitte kommentieren Sie Ihre Einschätzung in wenigen Stichworten."

Chefredakteur formuliert, der sich selbst als „Aktualitäts-Dinosaurier"
bezeichnet: „Wenn aktuelle Beziehungen keine Rolle mehr spielen, warum dann die Tageszeitung?" Zwei ostdeutsche Chefredakteure meinen:
„Der Tagesbezug bleibt, nur anders gemacht." „Die Frage ist, was eine
Zeitung mit der Aktualität macht; nicht nur melden, sondern vertiefend
erklären." Die Sorge vieler Chefredakteure bezieht sich darauf, dass Tageszeitungen in den Augen ihrer Leser ihre Legitimation dann verlieren
werden, wenn die Tagesaktualität zurückgenommen wird. Stattdessen gilt
als Leitlinie: „Fragen des Tages mit langfristiger Relevanz – das ist heute
schon die Zukunft" (Chefredakteur aus der Bundeshauptstadt).

Siegeszug des Magazinjournalismus

Die Zeitung wird sich – so votieren 55,2 % der Chefredakteure im Jahr
2006 – von einem sachlichen und nachrichtlichen Stil der Berichterstattung entfernen. Emotionalisierung der Berichterstattung und vor allem
der Magazinstil werden das Profil der Blätter prägen. Das ist unter den
Bedingungen tagesaktueller Produktionen eine höchst anspruchsvolle
Aufgabe. „Nur so lassen sich jüngere Leser binden", meint ein Chefredakteur aus Norddeutschland. Ein benachbarter Kollege sagt: „Boulevard
im guten Sinne (näher, wärmer, frecher) wird zunehmen – ohne Verlust
an Seriosität." Schließlich müssen – so ein Kollege – „Darstellungsformen bunter und komplexe Inhalte verständlicher erklärt werden". Das sei
„kein Nachteil, solange bei der Recherche nicht geschlampt wird" (kleine
Regionalzeitung in Süddeutschland). Dieser Trend ist die Folge des
crossmedialen Wettbewerbs, den die Zeitungen zu bestehen haben. Ein
anderer Befragter gibt zu bedenken: „Emotionalisierung im Sinne von
Betroffenheit schließt Sachlichkeit nicht aus."

Viele Chefredakteure (44,8 %) betrachten den Trend zur Emotionalisierung allerdings mit Skepsis. Sie mahnen, dass die reine Information der
Kern der Zeitungen bleiben solle, auch wenn subjektive Formen zunehmen. Ein Chefredakteur meint angesichts des Mediendschungels: „Die
klare Nachricht ist stärker gefordert als je zuvor." Trotz steigendem Ma-
gazinanteil – so die Meinung vieler – bleibe die Nachricht zwar wichtig,
aber sie sei nur noch die Basis für ein Angebotsbündel unterschiedlicher
Themen und Formen sowie einem Mix aus Boulevard- und Nachrichten-
stil. Der Emotionalisierung – im Sinne des reinen Boulevardjournalismus
– seien zwar Grenzen mit Blick auf die Glaubwürdigkeit der Zeitungen
gesetzt, aber die Erzeugung von Betroffenheit beim Leser sei eine Chan-

ce. Die Chefredakteure begeben sich hier auf eine gefährliche Gratwanderung. Dessen sind sie sich bewusst. Sie sprechen sich mehrheitlich für eine stärkere Emotionalisierung der Berichterstattung oder für ein Vordringen des Magazinstils in den Zeitungen aus. Einige wollen aber mit diesen Elementen der Leseransprache weit vorsichtiger und zurückhaltender umgehen als viele ihrer Kollegen, zumal die Erfolgsnachweise für „Magazin-Tageszeitungen" bislang noch ausstehen.

Die Zeitung wird zukünftig den Anspruch, „Medium für alle" zu bleiben, nicht mehr aufrechterhalten können. Das meint mehr als ein Drittel der Chefredakteure (38,1 %) im Jahr 2006. „Wir verlieren mehr und mehr alle wenig Qualifizierten", sagt ein Redaktionsleiter. Die Blätter müssen differenzieren, z. B. durch interaktive Angebote und Supplements, denn schon jetzt erreichen sie viele junge Menschen nicht mehr.

Allerdings gibt ein Chefredakteur zu bedenken: „Ich glaube nicht an die Modulzeitung, sondern eher an das Internet als Ergänzung." Knapp zwei Drittel (61,9 %) sprechen sich daher gegen einen Weg zum Zielgruppen-Medium aus. Aus diesem Votum spricht auch der Wille, nicht aufzugeben und weiterhin um junge Leser zu kämpfen. Auch wenn das Gefälle zwischen den Generationen stärker ist als jemals zuvor, solle die Tageszeitung ein „Bindeglied der Generationen" sein, wie einige Chefredakteure betonen. Außerdem haben in ihren Augen Tageszeitungen nur als „Massenmedium" für große Zielgruppen bzw. Überblicksmedium ihre Berechtigung, da differenzierte Angebote bereits existieren. Ihre Funktion wird mit zahlreichen Metaphern beschrieben: „In der Vielfalt des Internet wird die Tageszeitung der Navigator sein." „Zeitungen werden immer Bauchladen-Angebote sein müssen, eben Vielfalt auf einen Blick." Allerdings können sich einige Chefredakteure, die für Zeitungen als General-Interest-Medien plädieren, Ausgaben in mehreren Varianten vorstellen. „Ich könnte mir konfektionierte Zeitungen al gusto vorstellen, die aber aus einer Zeitung gewonnen werden."

Redaktionen – Herz der Zeitungen

Die Meinungen der Chefredakteure zur künftigen Rolle der Redaktion gehen im Jahr 2006 noch weit auseinander. Wird die Redaktion immer weniger Inhalte selbst produzieren und verantworten (Outsourcing)? Werden externe Autoren (etwa Kolumnisten) und von Lesern generierte Inhalte (etwa von Leser-Reportern) an Bedeutung gewinnen? Zwei Drittel der befragten Redaktionsleiter (65,1 %) glauben das nicht, wie der

Chefredakteur einer großen Regionalzeitung stellvertretend für viele sagt: „Die Rückbesinnung auf die publizistisch-journalistische Qualität (Inhalte!) ist entscheidend, für deren Präsentation die gedruckte Zeitung unschlagbare Vorteile bietet. Das 'Leserreporter-Modell' dagegen ist der schnellste Weg zur Selbst-Marginalisierung."

Die Auseinandersetzung um die Outsourcingpolitik ist durch tarifpolitische Überlegungen und Kostenargumente geprägt. Ein Chefredakteur sagt: „Der Trend geht dahin, aber ob es den Zeitungen bekommt, ist zweifelhaft." Die Verantwortung für den Inhalt bleibt bei den Redaktionen, die die Entwicklung mit einem lachenden und einem weinenden Auge betrachten. Einerseits wird dadurch ihre Kompetenz und Professionalität in Frage gestellt bis hin zur Gefahr, dass das Image der Redaktion leidet, glaubwürdige Themenplanung und -setzung zu gewährleisten. „Das ist der sicherste Weg, Zeitungen auch als Werbeträger überflüssig zu machen", warnt ein Chefredakteur aus Süddeutschland. Andererseits sehen die Befragten in den externen Zulieferungen auch die Chance, die Zeitungsinhalte interessanter zu machen. Schließlich haben die Redaktionen das Mitteilungsbedürfnis ihrer Leser jahrzehntelang unterschätzt. Jetzt können diese nicht nur Briefe schreiben, Fotos schicken und bei Leser-Aktionen mitmachen, sondern auch als Themen-Scouts fungieren und die Berichterstattung auffrischen. Diese Frage rührt an den Kern journalistischen Selbst- und Berufsverständnisses. Daher: „Das Herz der Zeitung bleibt die Redaktion", denn sie ist immer für die Auswahl von Themen und Autoren verantwortlich. Darauf bestehen die befragten Chefredakteure.

Öffentliche Aufgabe – Bestandteil der Marke

Ist die Tageszeitung der Zukunft nur noch dazu da, Gewinn zu erwirtschaften? Spielt die öffentliche Aufgabe daher kaum noch eine Rolle? Dagegen sprechen sich im Jahr 2006 nahezu alle Chefredakteure (83,3 %) aus. Der publizistische Anspruch wird mit hoher Emotionalität verteidigt, denn eine „Zeitung hat immer öffentliche Aufgaben, sonst schaufelt sie sich ihr eigenes Grab." „Wer nur Gewinn will, der verliert den Anspruch." „Nur eine glaubwürdige Zeitung wird auch wirtschaftlich erfolgreich sein." „Die Tageszeitung würde sich selbst ad absurdum führen, wenn es ausschließlich um Gewinne ginge." Dafür gibt es ja Anzeigenblätter. „Ohne kritischen Inhalt wird sich die Tageszeitung nicht von unkommentierten Inhalten im Internet abheben können." Schließlich – so die wortreichen Argumentationslinien aus den Chefredaktionen – schließen sich Gewinnstreben und öffentliche Aufgabe keineswegs aus.

Allerdings warnen einige Chefredakteure (16,7 %) davor, die Doppelfunktion der Zeitungen zulasten des publizistischen Anspruchs auf ausschließlich ökonomische Betrachtungen zu reduzieren. Schließlich leidet ohne Glaubwürdigkeit und Unabhängigkeit der Redaktion auch die Marke Zeitung.

Rückgrat der politischen Öffentlichkeit

Zeitungen, die in Zukunft nur dazu da sind, Gewinn zu erwirtschaften, werden – da sind sich die meisten Redaktionsleiter einig – auch wirtschaftlich nicht erfolgreich sein. Der publizistische Auftrag bleibt auf der Strecke, wenn Zeitungen nur noch als Renditeobjekt betrachtet werden. Der ehemalige Bundespräsident Horst Köhler mahnte anlässlich der 50-Jahr-Feier des Deutschen Presserates im Herbst 2006 in Berlin zu Recht: „... denn ein Journalismus, der bloß noch zur Garnierung oder vielleicht Tarnung von Werbebotschaften dient, hat sich selbst aufgegeben."

Die Zeitungen in ihrer publizistischen Funktion für die Gesellschaft zu erhalten und zu stärken, hängt von verlagspolitischen Entscheidungen ab, und guter Journalismus kostet Geld. Mit ihrer Mahnung, die publizistische Funktion der Tageszeitung zu erhalten und auszubauen, sind die befragten Chefredakteure keineswegs allein. Der Schweizer Verleger Michael Ringier sagte auf dem Kommunikationskongress im September 2006: „Ich bin der festen Überzeugung, dass die Demokratie ohne das gedruckte Wort einen gefährlichen Weg geht." Auch Jürgen Habermas sieht die seriöse Presse als Rückgrat der politischen Öffentlichkeit. Ohne sie fänden populistische Tendenzen in der Gesellschaft keinen Widerstand mehr. Ihre „diskursive Vitalität" (Jürgen Habermas in Süddeutsche Zeitung, 16./17. Mai 2007, S. 13) ist für den demokratischen Rechtsstaat lebenswichtig.

Politik anders aufbereiten

Relativ einstimmig sprechen sich die Chefredakteure (93 %) noch im Jahr 2006 gegen eine Rücknahme der politischen Themen aus, auch wenn viele Bürger eher verdrossen auf Politiker und Parteien blicken. Hingegen plädieren sie für eine neue Sicht dessen, was politische Themen für Zeitungen sein können, nämlich eine Abkehr von der „großen" Politik zum politischen Geschehen in der Region, zur Erklärung von politischen Fra-

gen und vor allem zur rechtzeitigen Ausleuchtung der Folgen von Politik.
„Ohne politische Themen hat die Tageszeitung verloren. Es kommt auf
das 'Wie' der Darstellung an", gibt ein Chefredakteur aus Norddeutschland zu bedenken. Ein Kollege aus Ostdeutschland warnt vor einer Redu-
zierung politischer Themen, was in seinen Augen „der endgültige Tod
einer Tageszeitung" wäre. Ein Vertreter einer Boulevardzeitung bekräftigt: „Politik wird immer erklärungsbedürftiger und das ist die Rolle der
Zeitung der Zukunft."

Es kommt also darauf an, wie Redaktionen ihren Lesern Politik und deren
Auswirkungen erklären, zumal die Leser die materiellen Wirkungen politischer Entscheidungen nach und nach spüren. Daher warnen viele Chefredakteure davor, den Begriff Politik als Selektionskriterium für Themen
zu sehr auf die Berichterstattung aus den Hauptstädten zu verengen. „Wir
rücken von dieser Politik ab und beten keine Debatten nach – aber die
Auswirkungen machen wir deutlich" nach dem Motto: Niemand interessiert sich für Politik, aber alle interessieren sich für die Folgen von Politik. „Tatsächlich spielt sich Politisches bis hinunter in das örtliche Geschehen ab (Rathaus, Stadtrat, Kultur, Umwelt)" und erfordert viel Eigen-
leistung des Journalismus. Diese Arbeit führt aber die Zeitungen zu ihrer
traditionellen Rolle als Fundament von Bürgerschaft und Demokratie
(zurück). Angesichts der enormen gesellschaftlichen Umbrüche gibt es
nur wenige Akteure, die diese Leistungen für das Gemeinwesen erbringen können.

Der turbulente Weg in die Zukunft

Zeitungen stehen also – so das Votum der Chefredakteure im Jahr 2006 –
vor einem schmerzhaften Anpassungsprozess an die digitalisierte, über-
bordende Medienlandschaft. Sie müssen sich neu positionieren und als
gedruckte Blätter Orientierung durch eine publizistisch verlässliche Vor-
auswahl von tagesrelevanten Themen geben und diese erklären. Die Redaktionen suchen die räumliche und emotionale Nähe zum Leser und
wollen ihm eine tägliche Portion von Hintergründen, Problemlösungen,
Erläuterungen und Service bieten. Bei aller Unterschiedlichkeit der Wege, die die einzelnen Verlage zu diesem Zeitpunkt eingeschlagen haben,
ist die Richtung für die künftigen gedruckten Ausgaben bereits klar zu
erkennen. Ihre Kernkompetenz sehen sie in einem magischen Dreieck
von Orientierungsleistungen („Erklär mir die Welt!"), täglicher Überraschung (Themen, die die Leser nicht anderswo suchen können, weil sie

nicht wissen, dass es sie gibt) und bequemer, übersichtlicher Navigation in den gedruckten Ausgaben.

Zeitungen erklären die Welt täglich aufs Neue. Ausgehend von der Befindlichkeit der Leser erbringen sie für sie unverzichtbare Orientierungs- und Erklärungsleistungen. Die „Dechiffrierung von Sachverhalten", die für den Alltag wichtig sind, können gedruckte Zeitungen besser leisten als die schnellen, elektronischen Kanäle. Die Loslösung von der strikten Tagesaktualität der Ereignisse eröffnet einen Weg, der die Zeitungen vom Aktualitätswettlauf mit den elektronischen Medien befreit, den sie nicht gewinnen können, und sie zu ihren Stärken zurückführt – die tägliche Interpretation der Fragen der Zeit, auf die sich der Leser verlassen kann.

Als haptisches Medium profitieren Zeitungen vom Komfort bei der Navigation durch die Inhalte. Den roten Faden für den Alltag sichtbar zu machen, konsequent aus der Perspektive der Zielgruppe gedacht, ist eine Denkrichtung für Journalisten, die sich von der vorrangigen Fixierung auf die Berichterstattung über Ereignisse und Verlautbarungen löst. Hierbei kommt den gedruckten Medien zugute, dass sie eine bessere Übersichtlichkeit bieten und dem Leser als Anker für die schnellen, flüchtigen, fragmentarischen Medien dienen können.

Nicht zu vergessen: Zeitungen sind Push-Medien. Um als unverzichtbar eingestuft zu werden, müssen sie den Leser täglich mit Themen überraschen, die er zuvor (so) noch nicht kannte. Sicher muss der Nutzwert einer Zeitung stimmen, sonst wird sie sich nicht verkaufen. Aber nur die gedruckte Zeitung ermöglicht die schnelle und effiziente Information über Themen, nach denen man nicht gezielt suchen kann, weil man noch gar nicht weiß, dass es sie gibt. Daher lebt die gedruckte Zeitung vorrangig auch von dem Moment einer kalkulierbaren und verlässlichen, täglichen Überraschung. Als Push-Medium sollte sie ihre Deutungshoheit vom Weltgeschehen bis zum banalen Alltag nicht leichtfertig aufgeben. In diesem Sinne ist Journalismus ein Content-Lieferant, den die Gesellschaft braucht, weil er unverzichtbare, publizistische Leistungen erbringt. So gesehen können Tageszeitungen eine Renaissance erleben, wenn sie die unübersichtlich gewordene Welt täglich neu ordnen.

III. Wirtschaftskrise – Medienkrise?
Wie Redaktionen um Leser kämpfen (2009)

Während die Verlage fieberhaft nach Finanzierungsmodellen für Online-Zeitungen suchen, haben die Chefredakteure im Jahr 2009 die Konsequenzen des Medienwandels fest im Blick: Medienneutrale Produktionsprozesse von Inhalten sollen die Basis legen für eine systematische Vernetzung der Online- und Offline-Angebote und die Distribution von Inhalten über verschiedene Kanäle. Die gedruckten Ausgaben sollen weiterhin den Markenkern für Produktfamilien bilden. Doch, was tun, wenn selbst der Markenkern – die gedruckten Ausgaben – immer mehr in Bedrängnis kommt? Welche Rolle spielen Zeitungen noch in einer digitalisierten Welt? Worin besteht eigentlich die publizistische Geschäftsidee für gedruckte, zukunftsfähige Blätter? Existenzängste plagen viele Redaktionen. Die Zeit drängt.

Die Umfrage des Fachgebietes für Kommunikationswissenschaft und Journalistik der Universität Hohenheim (Stuttgart) im Jahr 2009 unter den Chefredakteuren der Zeitungen belegt: Trotz vielfältiger Diskussionen über „Paid Content" haben die Chefredakteure erkannt, dass die gedruckten Ausgaben letztlich die Achillesferse der Zukunftskonzepte sind. Wenn die Druckausgaben noch mehr ins Trudeln geraten, stehen ganze Produktfamilien auf wackligen Beinen. Daher stecken die befragten Chefredakteure große Energien in Programme, um die Printausgaben der Zeitungen fit zu machen für die Zukunft.

Mehr denn je sind die Zeitungen auf dem Weg vom reinen Nachrichten- zum tagesaktuellen Analysemedium. Magazingeschichten, Nutzwert für den Leser und eine vertiefende, themenbezogene Arbeitsweise durch die Bündelung ressortspezifischer Kompetenzen sind aktuelle Trends. Gesucht wird das publizistische Konzept der Zeitungen, das breite Leserschichten – auch junge Menschen – anspricht. Nicht nur die Berichterstattung über das klassische Kernfeld der Zeitungen, die „Politik", sondern auch über die Wirtschaft und Unternehmen wird hierbei den Ausschlag geben, ob Zeitungen von den Menschen noch als unverzichtbares Element ihres Lebensstils empfunden werden. Das werden sie nur, wenn sie am Puls der jeweils aktuellen Betroffenheit agieren und dem Leser verlässliche Orientierung und Lebenshilfe in einer äußerst schwierigen wirtschaftlichen und politischen Situation bieten. Nicht die primäre Aktualität der Nachrichten entscheidet über die Zukunft der Blätter, wohl aber die sekundäre Aktualität der Themen der Zeit – vor allem über wirtschaftliche Entwicklungen und die Lage der Menschen in diesem Prozess. Der Zukunftscocktail für die Zeitungen ist gemischt aus verlässlichen Orientierungsleistungen über aktuelle Entwicklungen und die Folgen für die Leser, hilfreichen Erklärungen und einer kritischen Begleitung und Bewertung von Wirtschaft und Politik.

It's the internet, stupid.

Die Finanz- und Wirtschaftskrise ist im Jahr 2009 allgegenwärtig und hat die ohnehin schon schwierige Situation der Zeitungen auf den Medienmärkten noch mehr verschärft. Allerdings – die befragten Chefredakteure sind sich mehrheitlich einig: Es ist das neue Medium Internet und das damit verbundene, veränderte Mediennutzungsverhalten, was zu der großen Herausforderung für das „alte" Medium Tageszeitung geworden ist. Die Zeitungen stehen vor grundsätzlichen Veränderungen der Medienlandschaft und suchen nach einer ebenso grundsätzlichen Antwort für einen Weg in die Zukunft.

Am Anfang jeder tragfähigen Strategie steht die Wahrnehmung der Ursachen, warum den Tageszeitungen in Deutschland ein derart eisiger Wind ins Gesicht bläst. Kurz gesagt: Die Chefredakteure sehen 2009 neben konjunkturellen Einflüssen vor allem zwei Entwicklungen, die über die Zukunft ihrer Blätter entscheiden – die strukturellen Probleme mit dem Lesermarkt, die sie schon seit vielen Jahren kennen (z. B. geringe Reichweiten bei jungen Lesern), und die aggressiven (Gratis-)Angebote des Internet. Dieses Medium, gerade den Kinderschuhen entwachsen, hat innerhalb weniger Jahre den schleichenden Erosionsprozess der Zeitungen auf den Leser- und Anzeigenmärkten derart beschleunigt, dass andere Konkurrenten, z. B. Radio oder Magazine, in der Wahrnehmung der Redaktionsmanager verblassen. Selbst Anzeigenblätter, Gratiszeitungen oder Fernsehen – lange Zeit die Angstgegner der Zeitungen – spielen in den Augen der Chefredakteure aktuell kaum mehr eine Rolle als Konkurrenten.

Es ist in erster Linie das junge Medium Internet, das dem alten Massenmedium Tageszeitung das Leben schwer macht, wie 66 % der Chefredakteure erkannt haben. Vor drei Jahren waren es nur 49 %, die so dachten, und 2002 nicht einmal 10 %. Damit tritt das doppelte Dilemma der Zeitungen deutlich zu Tage: Die erstarkenden Online-Medien schwächen die Position der Zeitungen sowohl auf den Leser- als auch auf den Anzeigenmärkten – eine nachhaltige, das gesamte Mediensystem erfassende Entwicklung. Damit ist das Internet endgültig in den Köpfen der Chefredakteure angekommen.

Allerdings werden die Online-Angebote mehrheitlich nur als Ergänzung der Printausgabe angesehen. Ein Chefredakteur sagt: „Nach den bisherigen Erfahrungen nimmt unser Online-Angebot der Zeitung keine Leser weg, sondern Print und Online beeinflussen und bereichern sich gegenseitig. Leider bindet es aber auch viel Arbeitszeit der Printredakteure und kostet Geld." Knapp 60 % der Redaktionschefs sehen daher auch keine Gefahr, dass die Internet-Angebote wichtiger werden als die gedruckten Ausgaben. Dennoch halten sie wenig von der Strategie, die Online-Angebote stiefmütterlich zu behandeln, um so die gedruckten Blätter vor Kannibalisierungseffekten zu schützen. 54 % der Chefredakteure geben dieser Strategie eine klare Absage und wollen die publizistischen Möglichkeiten des Netzes offensiv nutzen. „Das Online-Angebot vergrößert unsere publizistischen Möglichkeiten und erhöht unsere Reichweite deutlich. Es bindet unsere Leser (auch an Print) und erreicht sogar ein Publikum, das wir mit dem gedruckten Produkt nicht ansprechen", sagt ein Chefredakteur einer großen Regionalzeitung.

Tageszeitungen bleiben Markenkern

Wie schlägt sich der klare Blick der Redaktionsmanager auf die strukturellen Probleme der strategischen Grundausrichtung der Zeitungen nieder? Im Vergleich zu den früheren Umfragen wird klar: Die Chefredakteure setzen noch mehr als 2002 oder 2006 auf crossmediale Strategien rund um den Markenkern Zeitung. Um die gedruckten Ausgaben herum werden diversifizierte Angebote etabliert. Neun von zehn Chefredakteuren (88 %) gehen davon aus, dass die gedruckten Zeitungen künftig stärker durch mobile Angebote ergänzt werden. Zwei Drittel der Befragten (65 %) setzen auf eine medienneutrale Produktion von Inhalten, die über verschiedene Kanäle verbreitet werden. Diese Crossmedialität der redaktionellen Arbeits- und Produktionsprozesse hat 2009 noch weit mehr Zustimmung gefunden als in den früheren Umfragen.

Trotz des klaren Kurses in Richtung Crossmedia bleiben die gedruckten Ausgaben und das traditionelle Zeitungskonzept zukunftsentscheidend. 85 % der Befragten sehen die Zeitungen auch künftig als Markenkern – trotz eigenem Online-Angebot. Auch die tägliche Erscheinungsweise der Druckausgaben wird nur von wenigen in Frage gestellt: Sieben von zehn

Befragten wollen daran festhalten. Die Unterstützung für eine siebte Ausgabe der Zeitung am Sonntag dagegen bröckelt – 2009 sehen nur noch vier von zehn Chefredakteuren darin einen Zukunftstrend, drei Jahre vorher waren dies immerhin noch mehr als die Hälfte.

Und wie sehen die Chefredakteure die Zukunft der Zeitungen? Jeder vierte Befragte glaubt, dass es viele Tageszeitungen in zehn bis 20 Jahren nicht mehr in gedruckter Form geben wird – aber fast jeder zweite (47 %) stimmt dieser Prognose nicht zu. Allerdings ist dies im Vergleich zu 2006 ein klar sinkender Anteil (58 %). Das Selbstvertrauen in die Printprodukte schwindet – auch bei den befragten Chefredakteuren. Genau diese Stimmung aber können sie eigentlich überhaupt nicht gebrauchen, da sie ihre Redaktionen in einen harten Kampf um Leser führen und täglich wieder aufs Neue motivieren müssen. Sie wollen schließlich die gedruckten Ausgaben modernisieren und angesichts der Krise in der Medienbranche zukunftsfähig machen. „Wir müssen versuchen, in der Zeitung von morgen die Fragen der Leser zu den Nachrichten von heute zu beantworten: Orientierung bieten, Gesprächsthema sein, Nutzwert stiften", sagt ein Chefredakteur.

Eher pessimistisch werden auch grundlegende Änderungen im Zeitungskonzept gesehen, wie die Umstellung zu einem schlanken Medium „to go" (z. B. Kleinformate, geringerer Umfang), die 46 % der Chefredakteure ablehnen. Nach wie vor halten zwei Drittel der Chefredakteure die politische Funktion der Tageszeitungen hoch, auf die es auch künftig zu setzen gelte. 67 % der Chefredakteure bekennen sich zur gesellschaftspolitischen Rolle der Zeitungen und glauben, dass sie als „Sauerstoff der Demokratie" eine Zukunft haben werden. Eine Art Lebensversicherung. Allerdings werde – so ihr Votum – ihre Position als aktuelles Leitmedium in der Gesellschaft schwächer. Nur noch 47 % der Befragten beanspruchen diese Funktion für ihre Blätter. Die befragten Chefredakteure sind sich bewusst, dass sie die Redaktionskonzepte den veränderten Bedingungen anpassen müssen und ein starres Festhalten am Status quo verheerend wäre. Gleiches gilt im Übrigen auch für die Leitidee „Wächterfunktion". Zeitungen, die sich nur als Wächter für das politische, nicht aber auch für das wirtschaftliche System verstehen, werden an den Interessen und Nöten der Leser vorbei schreiben und letztlich auf verlorenem Posten stehen.

Kleine und mittelgroße Zeitungen schätzen ihre Zukunft generell weit positiver ein als große und vor allem überregionale Zeitungen. Sie agieren näher am Leser und haben erkannt, dass ihre strategischen Vorteile inhaltlich in der lokalen Tiefenschärfe der Themen, in der Nähe zu den Menschen und emotional in der Verbundenheit und Kenntnis des Standortes liegen. Ein Redaktionschef einer Lokalzeitung meint: „Die Zukunft kleinerer Zeitungen liegt im Lokalen. Je globaler die Welt, desto wichtiger die Heimat. Nähe, Kompetenz, Emotion, Meinung – auf diese Stärken muss die Heimatzeitung im Lokalteil setzen." Der Trend zu intensiverer, aber frischer Lokalberichterstattung könnte ein Rettungsweg vor allem für kleinere Zeitungen werden. „Wir brauchen Kultstatus: konsequent frech und polarisierend. Möglichst viele regionale Exklusivberichte. Dazu die Zeitung aus einem Guss, auch im Internet und bei werblichen Sonderthemen", fordert ein weiterer Kollege.

Auf dem Weg zum modernen Analysemedium

Die Ziele des Fitnessprogramms für die Zeitungen sind klar: Sie müssen das Lebensgefühl der Menschen ansprechen, ihre täglichen Fragen im Alltag beantworten, ihnen Orientierung in der besorgniserregenden Wirtschafts- und Finanzkrise geben und sie jeden Tag wieder aufs Neue mit unerwartetem Lesestoff überraschen. Ein hoher Anspruch angesichts des täglichen Produktionszyklus. Kein Wunder, dass drei Viertel der Chefredakteure – vor allem bei der Wirtschaftsberichterstattung – für die Einbeziehung externer Experten und eine ressortübergreifende Bearbeitung der Themen plädieren (vgl. Abb. 4). 64 % der befragten Chefredakteure drängen zudem auf exklusive Inhalte und 51 % wollen, dass künftig mehr Magazingeschichten geschrieben werden. Auch bei der Erklärung der Welt greifen sie den Trend der Visualisierung bei ihren Lesern verstärkt auf und widmen den Bildern und Grafiken größere Aufmerksamkeit.

Große regionale und überregionale Zeitungen gehen tendenziell andere Wege als die kleineren Blätter und verfolgen einen konsequenten Modernisierungskurs. „Moderne" Tageszeitungskonzepte finden bei einer großen Mehrheit der Chefredakteure Zustimmung und sind gekennzeichnet durch eine ressortübergreifende Bearbeitung von Themen („newsroom"), die Einbindung externer Experten, das gezielte Hinarbeiten auf exklusive Nachrichten sowie die Erklärung komplexer Sachverhalte durch Grafiken und Bilder. Dieses Konzept will das veränderte Wirtschafts- und Medienumfeld aktiv aufgreifen und wendet sich an einen Leser im Alltag, dessen knappe Aufmerksamkeit durch auffallende Inhalte und ungewöhnliche Aufmachungen eingefangen werden soll.

Die Tageszeitung versteht sich in diesem Konzept als ein Analysemedium und weniger als ein Nachrichtenvermittler oder gar als Chronist. Mit Magazingeschichten wollen die Tageszeitungen bei vergleichbarer Nachrichtenlage im Vergleich zur Konkurrenz unverwechselbare, publizistische Interpretationen anbieten, um so die Leser zu binden.

„Klassischer" Weg als Sackgasse?

Die meisten kleineren Zeitungen hingegen hängen eher noch an einem „klassischen" Konzept der Tageszeitungen und betonen die aktuelle Nachrichtenvermittlung. Ressortgrenzen spielen noch eine größere Rolle und führen dazu, dass Themen ressortspezifisch beleuchtet werden. Die aktuelle Nachrichtenlage abzubilden ist angesichts der knappen Personalausstattung für kleinere Zeitungen wichtiger als die Jagd nach allgemeiner Exklusivität oder gar „Scoops". Sie legen auch noch größeren Wert darauf, schwierige Sachverhalte vor allem durch Text zu erklären und stehen dem Siegeszug des Magazinjournalismus eher skeptisch gegenüber. Sie setzen auf die klassischen Formen des Zeitungsjournalismus und vertrauen auf die Nähe zum Leser. Allerdings laufen sie so Gefahr, dass ihre gedruckten Ausgaben in den Augen der Leser „unmodern" werden.

Abbildung 4: Wohin die Berichterstattung steuert

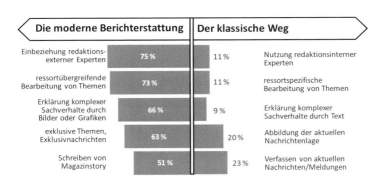

Quelle: Umfrage unter Chefredakteuren deutscher Tageszeitungen (n = 81), Juli / August 2009; Anteile derer, die sich jeweils für einen Trend entschieden haben in Prozent; an 100 % fehlende Antworten sind Unentschiedene. Frage: „Wohin steuert Ihrer Einschätzung nach die Wirtschaftsberichterstattung der Tageszeitungen? Bitte geben Sie an, in welche Richtung sie sich in den nächsten Jahren bewegen wird, unabhängig davon, ob Sie persönlich diesen Trend für richtig halten oder nicht."

Profilierung durch kritischen Wirtschaftsjournalismus

Der Medienberichterstattung zur Wirtschaftskrise geben die Chefredakteure im Jahr 2009 alles in allem mehrheitlich gute Noten. 70 % sagen, die Berichterstattung habe die öffentliche Diskussion bereichert und auch eigene Themen auf die Agenda gebracht. Schon geringer fällt allerdings ihre Zustimmung zu den publizistischen Leistungen aus, die sie von den Redaktionen erwarten: Hintergründe und Ursachen der Krise angemessen zu analysieren (61 %). Sie haben erkannt, dass die Wirtschaftsberichterstattung für ihre Zeitungen ein kritischer Erfolgsfaktor geworden ist, bei dem sie seit Ausbruch der Finanzkrise (noch) kein Profil gewonnen haben. Sie spüren aber: Wenn sie in diesem Feld punkten, sprechen sie die Emotionen ihrer Leser an und können deren Vertrauen zurückgewinnen.

Selbstkritisch erkennen die befragten Redaktionschefs, dass die Medien zu spät über das (mögliche) Entstehen der Krise berichtet haben und auch seitdem eher den Entwicklungen nachfolgen als sie offensiv publizistisch zu begleiten und zu bewerten. Außerdem halten sie die Publikumsorientierung der Berichterstattung über die Wirtschaftskrise für durchaus verbesserungswürdig. Mehr als ein Drittel der Befragten (36 %) spricht offen aus, dass die wirtschaftsjournalistische Berichterstattung die Bedürfnisse der Leser vernachlässigt habe.

Zu kurz kamen – so die befragten Chefredakteure im Jahr 2009 – bislang in der Wirtschaftsberichterstattung vor allem die Analyse der systembedingten Ursachen der Krise, das Agieren der Landesbanken, die Verantwortung der Politik bei der Kontrolle und Regulierung der Finanzinstitute, die Rolle der USA und mit Blick auf die Zukunft die Frage: Was muss sich am und im System ändern? Wer trägt die Folgen der Krise? Taugen die Maßnahmen, die die Politik nun gegen die Krise verkündet?

„Der Wirtschaftsjournalismus muss Verständlichkeit lernen – und die setzt das Verstehen auch komplexer wirtschaftlicher Zusammenhänge durch die zuständigen Journalisten voraus", sagt der Chefredakteur einer großen Regionalzeitung. „Liebedienerische Unternehmensberichterstattung schadet auch im Lokalen und Regionalen der Glaubwürdigkeit. Auf die Dauer hat nur die kritische, wirtschaftsjournalistische Begleitung von Firmen wirklich Substanz."

Hausaufgaben sind noch zu machen und kritische Wirtschaftsthemen künftig verstärkt auf die Agenda der Redaktionen zu setzen. Ein Chefredakteur sagt: „Wir müssen künftig noch stärker den Zusammenhang zwischen regionaler, nationaler, europäischer und globaler Wirtschafts- und Finanzpolitik herausarbeiten. Und wir müssen uns stärker mit den Wertvorstellungen und dem Menschenbild auseinandersetzen, die der Wirtschafts- und Finanzpolitik zu Grunde liegen oder liegen sollten."

Zwar weist jeder zweite Chefredakteur darauf hin, dass die Medien in der Krise aktiv handelten und recherchierten, aber dennoch kritisieren sie, dass sich die Berichterstattung zu wenig nach den Bedürfnissen des Publikums richte und – im Übrigen – zu spät über die Krise informiert hat. Es fehlen – so die Chefredakteure – fundierte Analysen über die Folgen der Krise für junge Generationen, die Verantwortung auch „normaler" Bürger und deren Fehlentscheidungen, die Perspektive der Steuerzahler, der Arbeitnehmer, der Regionen und vor allem der Menschen, die bangen, dass sie die Krise trifft. Ein Spezialthema, das kaum behandelt werde, sei die Rolle der Insolvenzverwalter und deren wirkliche Möglichkeiten.

Lehren aus der Wirtschaftskrise

Selbstkritisch bekennt ein Chefredakteur: „Viel zu schnell waren sich die meisten Journalisten einig, dass die 'Gier' in Banken und Konzernen die Krise hervorgerufen hat. Die politischen Ursachen und Verantwortlichkeiten – in den USA und hierzulande – gerieten nur in Ausnahmefällen ins Blickfeld. Einfache Antworten hatten und haben in der Krise Konjunktur. Diese Antworten weiterzugeben, ist leicht. Sie in Frage zu stellen, auf ihren Wahrheitsgehalt hin zu überprüfen, bleibt aber die eigentliche Aufgabe der Medien."

Die Wirtschaftskrise ist auch ein Anlass, um über die publizistische Idee des Wirtschaftsjournalismus nachzudenken, dessen Ausführungen dem Leser „unter die Haut" gehen, und um über die eigene Arbeit nachzudenken. Der Vorwurf, zu spät, zu unverständlich und an den Sorgen der Leser vorbei berichtet zu haben, trifft den Wirtschaftsjournalismus ins Herz. Er berichtete in der Vergangenheit allzu gerne euphorisch über die Höhenflüge der Börsen – und ließ den Leser alleine, als die Aktienkurse im freien Fall waren. Er konzentrierte sich auf eine wahrgenommene Normalität des Wirtschaftslebens, ohne über den Tellerrand hinaus zu schauen und etablierte Strukturen, eingeübte Handlungsmuster und politische Folgen der Deregulierung zu thematisieren – so die Kritik. Welche Lehre ziehen die Chefredakteure aus der Wirtschaftsberichterstattung über die Krise?

Nahezu Konsens herrscht darüber, noch mehr auf eine analysierende und hintergründige Wirtschaftsberichterstattung zu setzen (vgl. Abb. 5) und auf den Nutzwert für den Leser zu achten. In diesem Feld wollen die Zeitungen beim Leser Profil gewinnen. Jeweils etwa neun von zehn Chefredakteuren stimmen diesen Trends zu. Zwei Drittel bis drei Viertel der Befragten wollen künftig auch darauf achten, dass die Berichterstattung vor allem der Finanzbranche gegenüber, aber auch mit Blick auf die Unternehmen kritischer und meinungsfreudiger wird. Dazu gehört auch, wie zwei von drei Chefredakteuren mahnen, dass die Themenpalette der Unternehmensberichterstattung breiter wird, kritische Bewertungen verstärkt ausgesprochen und auch bewusst aus der Perspektive der Menschen als Steuerzahler, Arbeitnehmer oder Bewohner von Regionen berichtet wird. Viele (56 %) wollen dabei auch stärker auf politische Bezüge achten. Umstritten allerdings ist unter den Chefredakteuren, ob dadurch die klassische, an Terminen und Ereignissen orientierte Unternehmensberichterstattung generell in den Hintergrund treten soll. Immerhin stimmt aber

Abbildung 5: Trends der Wirtschaftsberichterstattung

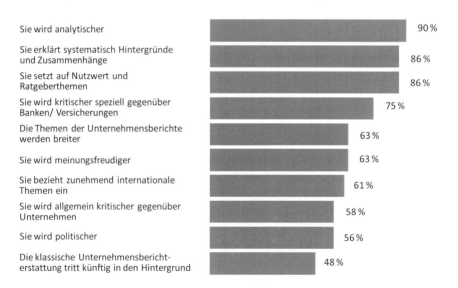

Quelle: Umfrage unter Chefredakteuren deutscher Tageszeitungen (n = 81), Juli / August 2009; Angaben „stimme voll zu" und „stimme eher zu". Frage: „Die aktuelle Krise ist ja auch ein Anlass, um über die eigene journalistische Arbeit nachzudenken. Was – glauben Sie – werden die Tageszeitungen in ihrer Wirtschaftsberichterstattung künftig besonders beachten?" (Sonderauswertung)

knapp jeder zweite Befragte (48 %) dieser Konsequenz eines aktiv operierenden Wirtschaftsjournalismus zu.

Alles in allem plädieren die Chefredakteure für eine stärkere Profilierung der Wirtschaftsberichterstattung in den Tageszeitungen. Sie soll stärker analytisch angelegt und in übergeordnete, thematische Bezüge eingebunden sein – eine Stärke des universellen Mediums Tageszeitung. Generell geht es aber auch darum, dass sich die Wirtschaftsredaktionen von einer eng verstandenen ökonomischen Perspektive lösen und sich mehr den Sichtweisen der Anleger, Verbraucher und Bürger zuwenden.

Das Lebensgefühl der Leser in der Wirtschaftskrise ansprechen

Eine deutliche Mehrheit der befragten Chefredakteure unterstützt auf dem Weg – Profilgewinnung durch lesernahen Wirtschaftsjournalismus – folgende vier Trends (vgl. Abb. 6).

▪ Unterhaltende Aufbereitung von Themen anstelle von fachlichen Erklärungen

▪ Konsequente Ausrichtung auf Verbraucherfragen anstelle von wirtschaftszentrierter Berichterstattung

Abbildung 6: Wirtschaftsberichterstattung – wohin steuern die Zeitungen?

Hintergrundinformationen	Verbraucherservice
gründliche, vertiefende Recherche	68 %	19 %	Schnelligkeit der Berichterstattung
Beleuchten von Entscheidungsprozessen	56 %	18 %	Konzentration auf Ergebnisse
Fachinformationen/ fachliche Erklärungen	22 %	46 %	unterhaltende Aufbereitung von Themen
Berichte über Entwicklungen in Unternehmen und Wirtschaft	13 %	60 %	Berichte aus der Perspektive von Verbrauchern

Quelle: Umfrage unter Chefredakteuren deutscher Tageszeitungen (n = 81), Juli / August 2009; Anteile derer, die sich jeweils für einen Trend entschieden haben in Prozent; an 100 % fehlende Antworten sind Unentschiedene. Frage: „Wohin steuert Ihrer Einschätzung nach die Wirtschaftsberichterstattung der Tageszeitungen? Bitte geben Sie an, in welche Richtung sie sich in den nächsten Jahren bewegen wird, unabhängig davon, ob Sie persönlich diesen Trend für richtig halten oder nicht."

- Vertiefende Recherche anstelle schneller Berichterstattung
- Beleuchten von Entscheidungsprozessen anstelle von puren Informationen über Ereignisse

Diesen Trends liegen – genau betrachtet – zwei unterschiedliche Konzepte bzw. „Ideen" der Wirtschaftsberichterstattung zugrunde, die sich allerdings nur zum Teil ausschließen: Einerseits eine Wirtschaftsberichterstattung, die auf Service für den Leser setzt, sich auf Ergebnisse von wirtschaftlichen Vorgängen konzentriert und versucht, eine breite Leserschaft anzusprechen. Andererseits eine Wirtschaftsberichterstattung, die den Anspruch verfolgt, auch Entscheidungsprozesse, Hintergründe und Einflussfaktoren zu analysieren und Leser mit weitergehenden Wirtschaftsinteressen anspricht – in ihrer Rolle als Staatsbürger, Entscheider oder Kapitalanleger.

Einige Tageszeitungen entscheiden sich klar für eines der beiden Konzepte: Vor allem kleine, lokal ausgerichtete Zeitungen tendieren zum Konzept Service und Verbraucherberichterstattung, während große und überregionale Blätter vor allem eine hintergründige, vertiefende Berichterstattung anstreben. Viele Blätter wagen aber auch den Spagat und wollen sich über eine Wirtschaftsberichterstattung profilieren, die sowohl Angebote für spezielle Zielgruppen macht als auch für eine breite Leserschaft.

Die aktuelle Wirtschaftskrise ist für die Zeitungen eine Bedrohung und Chance zugleich. Die Leser sind von dieser Entwicklung direkt betroffen und fühlen, ob ihnen die Zeitungen jeden Tag wieder aufs Neue Orientierung und Lebenshilfe geben und sie über die wirtschaftlichen Entwicklungen aufklären. Sie können deutlich nachvollziehen, welchen Nutzen „ihre" Zeitung hierbei bietet – als klassisches Informations- und Integrationsmedium, aber auch zunehmend als Erklär- und Analysemedium.

In den Redaktionen bleibt noch vieles aufzuarbeiten. Die Chefredakteure wollen ihre Blätter zukunftsfest und stark machen – zwischen lokaler Tiefenschärfe, selbstbewusster Analyse der Themen des Tages und dem mutigen Aufgreifen von Themen, die dem Lebensgefühl ihrer Leser in der Wirtschaftskrise entsprechen.

B. Analysen und Meinungen

I. Journalismus im digitalen Wertschöpfungsprozess – Content-Lieferant oder mehr?

Wird der Journalismus im Multimedia-Zeitalter überhaupt überleben? Kann der Journalismus den Strukturwandel im Mediensystem und den Siegeszug des Internet als immer häufiger genutztes Medium unbeschadet überstehen? Die Fragen sind auf den ersten Blick ungewohnt, zumal Überlegungen zur Aufgabe von Journalisten und vor allem die Kritik an ihren Handlungen eine lange Tradition haben. Schlagworte wie Kampagnenjournalismus oder – auf der anderen Seite – Termin- oder Verlautbarungsjournalismus signalisieren Ablehnung und auch in den aktuellen Diskussionen über die Kommerzialisierung bzw. Boulevardisierung des Journalismus schwingen kritische Untertöne mit.

Nun geht es aber um die Position und die Funktion des Journalismus in einem Mediensystem, das durch Grenzaufhebungen aller Art gekennzeichnet ist – Grenzaufhebungen zwischen gedruckten Medien und elektronischen Online-Angeboten, zwischen Individual- und Massenkommunikation, zwischen Kommunikatoren und Rezipienten, zwischen Medienkommunikation und geschäftlichen Transaktionen. Triebkräfte dieses Umbruchs sind keineswegs nur technische Innovationen wie die Digitalisierung, sondern auch ordnungspolitische Entscheidungen mit dem Ziel der Liberalisierung und damit der Ausdehnung der ökonomischen Handlungsspielräume.

Neue Medien dringen in die Märkte der alten Medien ein. Die Konkurrenzbeziehungen werden neu definiert. Presse und Rundfunk verlieren ihr Quasi-Monopol der Vermittlung gesellschaftlicher Kommunikation. Schließlich können sich über das Internet Unternehmen, Parteien, Verbände oder Interessensorganisationen und – natürlich auch – einzelne Individuen unmittelbar an die Bürgerinnen und Bürger wenden, um ihnen – von Redaktionen nicht gefiltert – Informationen und Meinungen zu präsentieren und mit ihnen in einen Dialog zu treten. Mit dem Schlagwort „Web 2.0" werden interaktive Formen der Mediennutzung angesprochen, unterschiedliche Ausprägungen von Weblogs rücken ins Zentrum von Überlegungen. Die Spielarten des Bürgerjournalismus (citizen journalism) werden bunter. Die Macht der Journalisten, als Gatekeeper,

d. h. Schleusenwärter der gesellschaftlichen Kommunikation, zu bestimmen, welche Themen auf die Tagesordnung der öffentlichen Kommunikation gesetzt werden, bröckelt.

Wie sich das Internet und der Online-Journalismus entwickeln werden, ist noch unklar. Erste Konturen werden aber sichtbar. Der bekannte Zeitungsdesigner Mario Garcia, der mittlerweile auch die Verlage bei ihren Online-Auftritten berät, hat ein eindrucksvolles Bild gebraucht: „Das Internet ist wie ein dreieinhalbjähriges Kind. Es rennt herum, ist voller Energie, kann nicht sagen, was es will, und vermittelt einem nur das Gefühl, dass es ganz bestimmt irgendwann einmal etwas Wundervolles wird." Er vergleicht die Beziehungen zwischen Print- und Online-Ausgaben der Zeitungen mit einer „Ehe zwischen einem älteren Herrn (Zeitung) und einer jungen attraktiven Frau (dem WWW)", die sich trotz aller Anfangsschwierigkeiten zu einer dauerhaften und tragfähigen Verbindung entwickeln kann. Wichtig ist, dass beide Medien ihre Stärken ausspielen. Das bedeutet in der aktuellen Berichterstattung: Zeitungen analysieren und erklären, Websites aber berichten unmittelbar.

Wohin steuert der Journalismus in einem Medienzeitalter, in dem die digitalen Wertschöpfungsprozesse im Vordergrund stehen? Wird er letztlich nur ein Produzent von Inhalten, die beliebig gehandelt und mit anderen Quellen kombiniert werden? Worin ändern sich die Aufgaben eines Berufsstandes, der in der Gesellschaft mit der Wahrnehmung einer „öffentlichen Aufgabe" betraut ist?

Journalisten, die selbst Agenten des Wandels sind, werden nun Betroffene einer Entwicklung, die die Aufgaben, das Berufsverständnis wie auch die Qualifikationsprofile verändert. In der folgenden Analyse sollen nun einige Aspekte näher beleuchtet werden:

- Die Veränderungen des Umfeldes der Redaktionen, die sich aus dem Wandel des Mediensystems ergeben,

- die Konsequenzen von Cross-Media-Strategien für den journalistischen Produktionsprozess sowie – als konkretes Beispiel – die

- Herausforderungen der Tageszeitungen durch das Internet. Hierzu werden die Ergebnisse einer Umfrage unter Chefredakteuren der deutschen Tagespresse vorgestellt.

Das Umfeld ändert sich – Journalismus auch?

Der Journalismus als Berufsstand steht erst am Anfang einer Entwicklung, die in einen gnadenlosen Konkurrenzkampf der einzelnen Medien um die Aufmerksamkeit des Publikums mündet. Der Wettbewerb dreht sich nicht nur um das Geld, sondern vor allem um die Zeit, welche die Leser, Hörer, Zuschauer oder User mit Medien verbringen, denn letztlich finanzieren sich die Medien über die Aufmerksamkeit und die Mediennutzungszeiten der Rezipienten. Wichtig wird, wem sich das Publikum zu- und von wem es sich abwendet. Dieser Wettlauf der Medienangebote um die Aufmerksamkeit ihrer Zielgruppen hat im letzten Vierteljahrhundert in Deutschland wie auch in anderen Ländern zu einem enormen Anstieg der Zeitbudgets geführt, die für Medien verwendet werden. Allein in Deutschland verdoppelte sich in den vergangenen drei Jahrzehnten die durchschnittliche tägliche Mediennutzungszeit der Bürger über 14 Jahre: Die Dauer des täglichen Medienkonsums stieg von ca. 5 Stunden (305 Minuten) im Jahr 1980 auf fast 10 Stunden (583 Minuten) im Jahr 2010. Parallele Nutzung ist hier nicht erfasst, wohl aber die Nutzung von Medien nebenbei, z. B. das Radiohören im Auto oder während der Berufsarbeit.

Allerdings ist auch das Angebot an Medieninhalten in diesem Zeitraum um ein Vielfaches gestiegen. Allein Fernsehen und Radio haben ihr Angebot um mehr als den Faktor 10 gesteigert. Hinzu kommt die rasante Verbreitung des Internet. Dessen schnelle Einführung und Akzeptanz verdeutlichen die Dynamik der Entwicklung, mit der das Berufsfeld Journalismus konfrontiert ist. Nach der ARD/ZDF-Online-Studie 2010 hat sich die Zahl der Internet-Nutzer in Deutschland seit 1997 beinahe verzwölffacht. 1997 waren es nur 4,1 Millionen Deutsche über 14 Jahren, die gelegentlich das Internet nutzten, 2010 bereits mehr als zwei Drittel der deutschsprachigen Bevölkerung. Das entspricht fast 50 Millionen Bürgern. In diesem Zeitraum ist auch die durchschnittliche Verweildauer pro Tag bei der Onlinenutzung von 76 Minuten auf über zwei Stunden (136 Minuten) angewachsen. Das Internet wird also nicht nur von mehr Menschen, sondern auch immer länger genutzt. Insgesamt hat das Internet im Vergleich zu den anderen Medien 2010 einen Anteil von 14 % am Medienzeitbudget der über 14-Jährigen in Deutschland und liegt damit hinter den beiden Rundfunkmedien (Fernsehen 38 %; Radio 32 %) auf dem dritten Platz noch vor der Tageszeitung mit 4 %. Das Internet ist somit für Presse, Hörfunk und Fernsehen zu einem ernsthaften Konkurrenten um das Zeitbudget des Publikums und die Werbebudgets der Wirtschaft geworden. Wenn man den Medienwettbewerb mit einem Spiel vergleicht, nimmt die Zahl der Mitspieler ständig zu, der zu gewinnende Einsatz aber bleibt in etwa gleich, wohingegen das Risiko, Geld zu verlieren, steigt.

Aber es geht nicht nur um das Medium Internet als zusätzlichen Konkurrenten, das den Wettbewerb um die Aufmerksamkeit der Zielgruppen intensiviert, sondern auch um Grenzaufhebungen zwischen bislang mehr oder weniger getrennten Medienmärkten, z. B. zwischen gedruckten Tageszeitungen und Online-Informationen, wenn Anzeigen und Leser ins Netz abwandern, oder zwischen Mediengattungen wie Tages- und Wochenpresse, deren Online-Informationen sich inhaltlich immer mehr annähern. Nicht nur für die Medienunternehmen, die den ökonomischen Erfolg im Auge haben, sondern auch für die Journalisten, die in dieser Wettbewerbssituation um die Zuwendung ihrer Leser, Hörer und Zuschauer ringen, wird der Wettbewerb im wahrsten Sinne des Wortes – multimedial. Im Internet kämpfen bereits jetzt alle Medien gegeneinander.

Untersuchungen haben gezeigt, dass die Wettbewerbsorientierung der Journalisten in den einzelnen Mediensegmenten durchaus unterschiedlich stark ausgeprägt ist. Viele Tageszeitungen haben in der Region keine intramediäre Konkurrenz, also keine andere konkurrierende Tageszeitung, mit der sie sich messen müssen. Andere Redaktionen, z. B. das Nachrichtenmagazin „Der Spiegel", haben nach Jahrzehnten der Alleinstellung auf dem Markt einen erfolgreichen Wettbewerber, das Magazin „Focus", erhalten. Ein weiteres Beispiel ist die Wirtschaftszeitung „Das Handelsblatt", die sich seit 2000 ebenfalls mit einem Konkurrenten misst, der aber ein völlig anderes Konzept des Wirtschaftsjournalismus verfolgt, die „Financial Times Deutschland". Wenn man die Online-Ausgaben der Zeitungen und Zeitschriften im Netz analysiert, wird klar, dass die Unterschiede zwischen tages- und wochenaktuellen Publikationen verschwinden. Es ist der intra- und intermediäre Konkurrenzkampf, also der Wettbewerb „jeder gegen jeden", jede einzelne Redaktion gegen alle anderen Redaktionen, der zunehmend die Koordinaten für journalistisches Handeln setzt.

Genau genommen kann man auch von einem transmediären Wettbewerb sprechen, denn auch die Angebote der Freizeitindustrie sind potenzielle Konkurrenten um das Zeitbudget der Bürgerinnen und Bürger geworden.

Erschwerend kommt hinzu, dass die Medienbindungen abnehmen und das Publikum zunehmend flexibel agiert. Das heißt, die Wünsche des Publikums ändern sich und Journalisten müssen sich auf wechselnde Vorgaben der Publikumsmärkte einrichten. Bei interaktiven Medien wie dem Internet hat das Publikum auch mehr Eingriffsmöglichkeiten, indem es zum Beispiel entscheidet, wann und welche Websites es nutzt bzw. welche Pfade über Hyperlinks beschritten werden. Die Personalisierung von Online-Informationen ist ein weiteres Beispiel, das verdeutlicht, dass sich im Mediensystem die Steuerungsfunktionen verlagern. Sie lagen bislang überwiegend bis ausschließlich bei den Produzenten der Medieninhalte, z. B. den Journalisten, und umfassen nun Schritt um Schritt auch die Nutzerseite. Das Publikum erhält mehr Einfluss und mehr Macht. Den Endpunkt dieser Entwicklung bilden Weblogs, d. h. eine Art „Jedermann-Journalismus", der auch zunehmend von Redaktionen in ihrer Berichterstattung berücksichtigt wird.

Diese Individualisierungstendenzen der Medienkommunikation sind in ihren Auswirkungen auf die Arbeit der Journalisten durchaus ambivalent. Einerseits erleichtern interaktive Medien das Aufgreifen von Wünschen und Interessen der jeweiligen Zielgruppe, andererseits gerät der Journalismus dann in einen rigiden Rückkoppelungsprozess, der von unmittelbaren Publikumsäußerungen und Kommentaren bis hin zu exakten Nutzerprofilen reicht. Journalistische Arbeit wird verstärkt der direkten Kontrolle und Kritik des Publikums ausgesetzt, zu dem bislang ein eher distanziertes Verhältnis bestand. Hinzu kommen Menschen, die sich öffentlich äußern, als „Leserreporter" agieren und in die höchst subjektive Rolle eines „Journalisten" schlüpfen – solange sie Lust haben und ihr Mitteilungsbedürfnis besteht.

Neben der Etablierung neuer und auch völlig andersartiger Konkurrenten, z. B. der Online-Medien, und der Verstärkung „multimediärer" Konkurrenzbeziehungen zwischen allen Redaktionen, nicht nur zwischen den Online- und Offline-Medien, hat die digitale Informationsverarbeitung wohl zur größten Herausforderung für den Journalistenberuf geführt. Hiermit sind nicht nur das Internet, der Online-Journalismus und neue Formen öffentlicher Mitteilungen gemeint, sondern auch die Digitalisierung des Prozesses der Medienproduktion. Auch nach der Euphorie, dem darauf folgenden Katzenjammer der New Economy sowie in der Medienkrise bleiben diese digitalen Produktionsprozesse wirksam, die die Aufgaben und Arbeitsbedingungen der Redakteure grundlegend verändern.

Journalistische Inhalte können nun digital gespeichert, verändert und beliebig für verschiedene Mediengattungen verwendet werden. Ein Artikel, der für die Tageszeitung geschrieben wird, kann auch für die Online-Ausgabe verwendet werden. Gleiches gilt für Fernseh- oder Radiobeiträge. Dieser digital gespeicherte Inhalt journalistischer Arbeit – lieblos Content genannt – ist nicht mehr an ein spezielles Medium gebunden. Er wird für die Medienunternehmen zur kostbaren Ware, denn er kann mehrfach verwertet und an andere Partner verkauft werden.

Was bedeutet die Digitalisierung der Produktionsprozesse für die Arbeit der Journalisten? Welche Gestaltungsdimensionen für die Bearbeitung von Content eröffnen sich? Es sind dies neben den bekannten Aspekten der Interaktivität und Multimedialität vor allem die Gestaltungsdimensionen der medienunabhängigen Verfügbarkeit und der Formatierungsmöglichkeit.

Medienunabhängige Verfügbarkeit

Journalistische Produkte – Artikel, Beiträge, Stories, Bilder – lösen sich von ihren medienspezifischen Bindungen, werden verfügbar und können als Ware vermarktet werden. Sie können über Mediengrenzen hinweg eingesetzt werden,

- z. B. bei kooperierenden Redaktionen, die Artikel austauschen,

- in fremden Medien, die die Inhalte kaufen,

- im Intranet von Großunternehmen, die ausgewählte Inhalte von Wirtschaftszeitungen in das Informationsangebot für die Belegschaft integrieren, oder aber

- als Umfeld für Online-Transaktionen, wenn Produkte und Dienstleistungen angeboten werden, wofür aber noch ein attraktives Umfeld benötigt wird.

Unter den Bedingungen der Netzökonomie wird damit eine alte Diskussion neu belebt, nämlich der instrumentelle Charakter der journalistischen Arbeit für den ökonomischen Absatz von Medien. Es war der Nationalökonom Karl Bücher, der bereits 1926 mit Blick auf die damalige Zeitungslandschaft eine für Journalisten bis heute höchst provozierende Position formulierte: „Die Zeitung (hat) jetzt den Charakter einer Unternehmung, welche Anzeigenraum als Ware produziert, die nur durch den redaktionellen Raum absetzbar wird."

Heute geht die Diskussion weiter, wenn journalistische Inhalte im Umfeld von E-Commerce, also dem Verkauf von Produkten und Dienstleistungen im Netz, positioniert werden, also nicht nur zum Absatz von Medien, sondern zur allgemeinen Verkaufsförderung beitragen. Journalistischer Content wird zum „Lockvogel" (Christoph Neuberger) für den Verkauf von Produkten aller Art.

Formatierungsmöglichkeit

Eine weitere Gestaltungsdimension wird durch die Digitalisierung der Produktionsprozesse möglich. Inhalte können exakt auf Zielgruppen zugeschnitten, kombiniert und optimiert werden. Über Formatierung von Rundfunkprogrammen zur Bindung von Hörern und Zuschauern wird schon längere Zeit diskutiert. Angesichts der crossmedialen Vernetzung der Medienlandschaft wäre eine Ausdehnung des Begriffs auf alle Medien nun angebracht. Der Begriff Formatierung umschreibt ein Redaktionskonzept, das inhaltliche, zeitliche, technische und ökonomische Faktoren integriert mit dem Ziel eines möglichst exakten Zuschnitts journalistischer Produkte auf die jeweilige Zielgruppe. Ergänzt um die Dimension Vernetzung bzw. Interaktion könnte das Konzept der Formatierung den veränderten Angeboten und Verhaltensweisen der Akteure – Journalisten wie Nutzer – gerecht werden. Schließlich wird im Zusammenhang mit den Inhalten von Medien bereits von der „journalistischen Klangfarbe" und der „Anmutung" redaktioneller Teile gesprochen. Journalisten als Lieferanten von maßgeschneidertem und formatiertem Content?

Cross-Media – die Koordinaten für die journalistische Arbeit verschieben sich

Lange Zeit wurden das Internet – die sog. Online-Welt – und die alten Medien Presse und Rundfunk als völlig getrennte Bereiche betrachtet. Schließlich gelten online andere Spielregeln als offline. Die Arbeitsweise auf dem Papier war völlig anders als die Arbeitsweise im Netz. Und viele Vertreter auf beiden Seiten pflegten die Sichtweise der zwei Welten und damit die Illusion exakter Grenzziehungen in einer Medienwelt, die durch Grenzaufhebungen geprägt ist: Den einen waren die neuen technischen Kommunikationsmöglichkeiten zu futuristisch und speziell, den anderen wiederum die alten Medien zu verschlafen, langweilig und gänzlich „uncool". Seit einigen Jahren wird über Cross-Media-Strategien diskutiert und nach Verbindungen zwischen den bislang getrennten Bereichen gesucht, z. B. zwischen der Online- und der Offline-Welt, zwischen Redaktion und Verlag, zwischen einzelnen Ressorts und Abteilungen. Weniger das einzelne Medium, z. B. die Zeitung allein, interessiert, sondern Wertschöpfungsprozesse über mehrere Medien hinweg, z. B. Zeitung, Radio, Online-Dienste. Gesucht werden Medienketten, über die journalistische Inhalte zum Publikum transportiert werden können.

Cross-Media – was steckt wirklich hinter diesem Schlagwort? Es wird – wen wundert es noch – wie viele Begriffe höchst unterschiedlich benutzt. Der kleinste gemeinsame Nenner ist die Vernetzung der Inhalte und der Produktionsprozesse unterschiedlicher Medien. Als die Euphorie der New Economy vorbei war und klar wurde, dass Angebotsstrategien, die nur auf das Internet setzten, große Probleme bekamen, wurden auch in Medienunternehmen, z. B. den Verlagen, die Online-Aktivitäten auf den Prüfstand gestellt. Hinzu kamen noch die Auswirkungen einer unbefriedigenden Konjunkturlage, die die Medienwirtschaft dazu brachten, nach Synergien zu suchen und Geschäftsmodelle zu integrieren. Die Vernetzung von Online- und Offline-Aktivitäten war ein erster Schritt. Die Aufmerksamkeit und Reichweite der klassischen Medien sollte mit den Informationsmöglichkeiten und interaktiven Potenzialen des Internet verbunden werden.

Abbildung 7: Cross-Media aus Sicht der Medienunternehmen

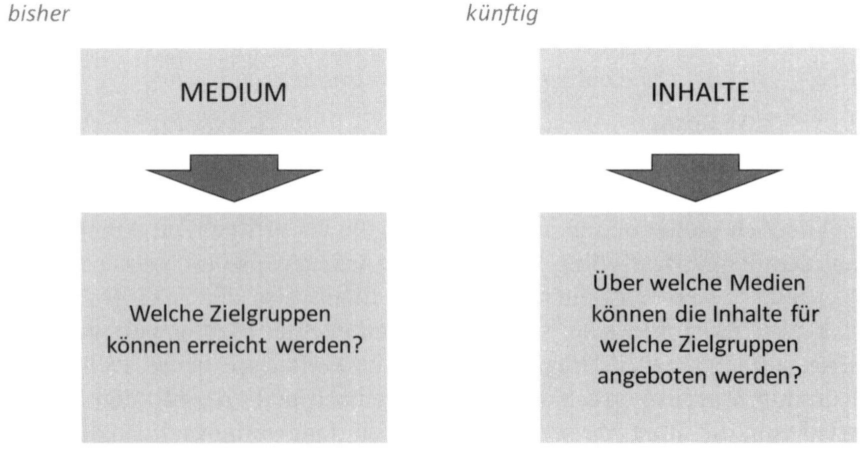

bisher   *künftig*

MEDIUM	**INHALTE**
Welche Zielgruppen können erreicht werden?	Über welche Medien können die Inhalte für welche Zielgruppen angeboten werden?

Quelle: Eigene Darstellung.

Darüber hinaus steht das Modewort Cross-Media jedoch auch für Medienfamilien, die unterschiedliche Mediengattungen umfassen und nach dem Motto funktionieren: „One brand – all media". Im Visier der Medienmanager steht also nicht nur die Koexistenz der einzelnen Medien unter Mehrfachverwertung der journalistischen Inhalte, sondern auch die inhaltliche Kooperation und Verzahnung, d. h. das Management von Medienfamilien.

Abbildung 7 zeigt, auf welche Weise sich die Denkmodelle für die Verwertung von Inhalten aus der Sicht der Geschäftsleitungen in den Medienunternehmen änderten. Über viele Jahrzehnte lautete die Hauptfrage z. B. für die Verlage von Tageszeitungen ausgehend von meist historisch gewachsenen Medienangeboten: Welche Zielgruppen können mit der Zeitung erreicht werden? Bei welchen Zielgruppen, z. B. jungen Menschen, besteht noch Nachholbedarf? Am Ende dieser Überlegungen können z. B. Verlagsentscheidungen stehen, die Berichterstattung für bestimmte Lesergruppen zu verstärken oder Sonderaktionen zur Leser-Blatt-Bindung durchzuführen. Künftig gehen die Überlegungen zunehmend von den Inhalten und dem vorhandenen Personal aus: Über welche Medien können die Inhalte für welche Zielgruppen angeboten werden? Dann werden die Inhalte einer Tageszeitung – um bei diesem Beispiel zu bleiben – auch im Netz, über Radio, Fernsehen, E-Mail-Newsletter oder über mobile Endgeräte wie Handy oder Radioservice verbreitet.

Auch in den Redaktionen (vgl. Abb. 8) ändert sich der Blickwinkel. Der Perspektivenwechsel für die Redaktionen beinhaltet ebenfalls eine Abkehr von bisherigen Arbeitsroutinen. Lange Zeit stand die Überlegung im Vordergrund, welche Themen entsprechen einem Medium, z. B. einer Tageszeitung, und welche Darstellungsformen können verwendet werden, um die Leser zu binden. Hinzu kommen nun Überlegungen, die sich vom einzelnen Medium lösen und ausgehend von den Interessen und Wünschen der Zielgruppen fragen: Welche Inhalte in welcher Form benötigt die Zielgruppe zu welchem Zeitpunkt? Wie können die Inhalte medienübergreifend bearbeitet und dann medienspezifisch optimiert werden?

Cross-Media-Strategien erfordern Arbeitsabläufe in den Redaktionen, die eine medienübergreifende Erstellung, Bearbeitung und Verteilung von Inhalten erlauben. Das ist in der Praxis nicht nur eine Frage der Organisationsstrukturen, sondern auch der Qualifikation und Motivation der Journalisten. Sie müssen die Arbeitsaufgaben bewältigen können und sie müssen es wollen. Dazu benötigen sie Kenntnisse und Fertigkeiten in mehreren Medien, z. B. Print und Online, die heute nur wenige Journalisten vorweisen können. Lange Zeit öffneten medienspezifische Ausbildungswege wie das Volontariat den Zugang zum Beruf. Fertigkeiten in mehreren Medien wurden – wenn überhaupt – durch Berufswechsel oder Weiterbildung erworben. Angesichts der crossmedialen Ausrichtung der Medienbranche müssen nun sicher die Inhalte journalistischer Ausbildungsgänge überdacht werden, denn der Mehrmedienkompetenz im Journalismus gehört die Zukunft. Man muss nicht gleich von Multimedialität sprechen und Journalisten zum Alleskönner machen, aber sie müssen mehr als nur ein Medium beherrschen oder beurteilen können.

Die Motivation der Journalisten kann ebenfalls in der Redaktionspraxis erhebliche Probleme hervorrufen. Journalisten, die bislang nur für ein Medium, z. B. für „ihre" Zeitung gearbeitet haben, sollen nun Inhalte für mehrere Verteilkanäle recherchieren und bearbeiten. Hinzu kommen in den meisten Fällen noch unterschiedliche Redaktionskulturen und -routinen, z. B. zwischen Print und Online, deren zeitliche Abläufe und Gewohnheiten integriert werden müssen. Tarifpolitische und urheberrechtliche Probleme seien hier nur erwähnt.

Abbildung 8: Cross-Media aus Sicht des Journalismus

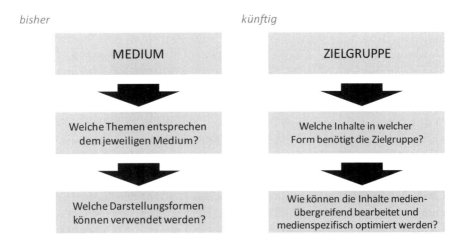

Quelle: Eigene Darstellung.

Die Umstellung redaktioneller Abläufe, d. h. die Umsetzung des Modells crossmedialer Produktionsprozesse im Journalismus, sieht auf dem Papier verhältnismäßig einfach aus und stellt eine attraktive Zielprojektion dar. Die erste Phase (vgl. Abb. 9) bildet das Themenmanagement, nämlich die Planung und Beschaffung der Inhalte für die nachfolgende Mehrfachverwertung. Dieser Aufgabenkomplex umfasst Ereignisse (z. B. Veranstaltungen, Pressekonferenzen), über die eine Redaktion berichtet, sowie die Nachrichtenlage, wie sie sich unter Einbeziehung der internen und externen Partner, z. B. der Agenturen oder freien Journalisten, darstellt. Diese Themen fallen unter den Begriff der „primären Aktualität", d. h. es handelt sich um Geschehnisse und Veränderungen, über die Journalisten in ihrer Funktion als „Chronisten der Zeit" berichten.

Je schneller sich das Karussell des Medienwettbewerbs dreht, desto wichtiger werden jedoch Themen, die aus der Sicht der Zielgruppen erneut oder vertiefend aufgegriffen werden, auch wenn dazu kein unmittelbar aktueller Anlass vorliegt.

Diese Themen der „sekundären Aktualität" nehmen ebenso zu wie allgemeine Themen ohne Zeitbezug, d. h. das universelle Stoffangebot der Medien wird ausgebaut. Diese in die Aktualität „gehobenen" Themen sollen den Rezipienten helfen, sich im Alltag zurechtzufinden oder Erklärungen für Neuigkeiten zu liefern. Das Anwachsen des Rat-

---

Abbildung 9: Cross-Media – Redaktionelle Produktionsprozesse

Themen-management	Content-Pool	Auswahl und Vernetzung	Medien-spezifische Bearbeitung	Dokumentation
Ereignisse und Nachrichtenlage	Speicherung von Zusatzmaterial	Themen-Selektion	Optimierung	Anreicherung
Zielgruppen	Codierung der Inhalte	Anreicherung	Format	Wiederverwertung
Redaktions-strategie	Situation der Rechte	Nachrecherchen	Darstellungs-Formen	Archiv
Gesellschafts-politischer Auftrag	Ansprech-partner	Verlinkung	Anmutung	Entsorgung: Was soll gelöscht werden?

Quelle: Eigene Darstellung.

geberjournalismus in nahezu allen Mediengattungen ist ein Beispiel hierfür.

Ein weiterer Faktor, der den Themen-Mix steuert, ist die Redaktionsstrategie bzw. das publizistische Konzept, mit dem die Redaktionen erfolgreich um die Aufmerksamkeit des Publikums ringen. Hierbei geht es nach Hohenheimer Untersuchungen um einen Mix an

- Nachrichtenwerten (Berichterstattung über das, was stattfand),

- Nutzwerten (handlungsorientierende Hinweise und Tipps zur Bewältigung des Alltags) und

- Gefühlswerten, das sind Elemente einer emotionalen Ansprache des Publikums durch Sprache, Bilder, Verwendung von Farben u. a.

Offen ist noch, welches Gewicht künftig der vierte Bereich des Themenmanagements behalten wird, der die gesellschaftliche Funktion des Journalismus beinhaltet und auch die Behandlung wenig attraktiver Themen umfassen kann. Dieser Kernbereich journalistischer Arbeit ist nicht nur im Internet, sondern auch bei den übrigen Medien infrage gestellt, wenn Journalisten ihre Glaubwürdigkeit verlieren, z. B. indem sie gesellschaftspolitisch wichtige Themen mit Rücksicht auf Kooperationspartner der Medienunternehmen nicht aufgreifen oder zurückstellen.

Die zweite Phase crossmedialer Produktionen bildet ein Content-Pool, d. h. eine Plattform, auf der Inhalte bereitgestellt, verwaltet und verteilt werden. Hierzu ist es notwendig, dass Journalisten zusätzlich zu ihrem Artikel oder Beitrag noch Kontext- und Zusatzinformationen eingeben, z. B. Ansprechpartner, Zusammenfassungen, Schlagworte, Informationen über die Rechte oder Codes zur exakten Identifizierung des Berichterstattungsgegenstandes, z. B. bei Aktienberichten die Wertpapierkennnummer. Inhalte im Pool müssen verwaltet werden und von anderen Personen, nicht nur vom Autor, fehlerfrei weiterbearbeitet werden können. Bislang hat ein Journalist im Wesentlichen sein Produkt bis zum Erscheinen begleitet bzw. konnte bei Rückfragen Auskunft geben. Daher waren nur wenige Begleitinformationen notwendig. Die Steuerungs- und Auswahlprozesse übernimmt heute meist der Newsroom, der häufig mit „Pool"-Redaktionen zusammenarbeitet.

In der dritten Phase werden die Inhalte zur Veröffentlichung in den einzelnen Medien ausgewählt, die zeitlichen Abläufe der Produktion geplant und die Vernetzung der Medien untereinander besprochen. Darauf folgt die medienspezifische Bearbeitung – Phase 4 – und schließlich die fünfte Phase: die Dokumentation, d. h. die Speicherung und Aufbereitung des Inhaltes für spätere Verwendungen bzw. die Löschung.

Crossmediale Produktionsprozesse in den Redaktionen stecken noch in den Anfängen, haben aber durch die Verbreitung der Newsrooms an Schwungkraft gewonnen. Einige Medienunternehmen waren Vorreiter, z. B. die „Financial Times Deutschland" und die „Vorarlberger Nachrichten".

Die ressortübergreifende Themenbearbeitung und die Überwindung der Ressortgrenzen stehen inzwischen an oberster Stelle, um die Zeitungen wettbewerbsfähiger zu machen. Auch die Grenzen zwischen Verlag und Redaktion, die einst als wichtige Koordinate für das journalistische Selbstverständnis galten, verlieren an Kontur. Die befragten Chefredakteure plädieren eindeutig für eine stärkere Beteiligung oder gar Einbindung der Redaktion bei Verlagsentscheidungen und eine enge Zusammenarbeit der beiden Bereiche, die sich in der Vergangenheit in vielen Häusern eher distanziert gegenüber standen. Um die Redaktionen fit zu machen, damit sie im Wettkampf der Medien weiterhin eine gute Position erkämpfen, werden klare Zielvorgaben für die Redakteure und ein auf vereinbarte Ziele ausgerichtetes Redaktionsmanagement immer wichtiger. Schließlich lautet das Fernziel: Themen müssen künftig mehr und mehr medienübergreifend, d. h. für mehrere Medien, bearbeitet werden.

Gute Chefredakteure sind ...

Was zeichnet einen guten Chefredakteur aus und wie werden sich die Anforderungen in den nächsten fünf Jahren entwickeln? Auf diese Frage gaben die befragten Chefredakteure im Jahr 2002 ein klares Votum ab (vgl. Abb. 10). Am wichtigsten ist in ihren Augen die Fähigkeit, die Redakteure zu motivieren und die Abläufe effizient zu gestalten, also das klassische Redaktionsmanagement. Diese Aufgabe wird auch künftig noch wichtiger, sagen mehr als zwei Drittel der befragten Chefredakteure. Mit knappem Abstand folgt die Aufgabe des Blattmachers, der Interessen der Leser frühzeitig erkennt und die richtige Themenmischung findet, also das Themenmanagement. Hinzu kommt die Aufgabe des „Marketingstrategen", der rechtzeitig neue Tätigkeitsfelder für die Redaktion erkennt, Allianzen mit Partnern schmiedet und die Tageszeitung für die Zukunft absichert. Publizistische und wirtschaftliche Interessen unter einen Hut zu bringen und Konflikte zu lösen, war seit jeher das Terrain der Chefredakteure. Dass sich die Redaktionsleiter von Tageszeitungen auch voll verantwortlich fühlen für den Erfolg ihrer Blätter und die Auflagensteigerung im Visier haben, spiegelt die Konkurrenzlage auf dem Zeitungsmarkt wider.

Welch ein Unterschied zum Selbstverständnis von Chefredakteuren, die noch vor 20 bis 30 Jahren ihre Hauptaufgabe in der Formulierung brillianter Leitartikel und der journalistischen Vorbildfunktion für die Redakteure sahen. Zwar ist es in ihren Augen auch heute nicht unwichtig, interessante Beiträge zu schreiben und der Zeitung z. B. durch Leitartikel ein publizistisches Profil zu geben, aber die Anforderungen des Redaktions- und Themenmanagements sowie des redaktionellen Marketings sind weit wichtiger und werden noch an Bedeutung gewinnen.

Abbildung 10: Anforderungen an gute Chefredakteure

Quelle: Umfrage unter Chefredakteuren deutscher Tageszeitungen (n = 83 bis 85), Juli / August 2002; Mittelwerte 1 bis 5. Frage: Was zeichnet heute einen guten Chefredakteur aus? Bitte bewerten Sie die folgenden Aussagen und geben Sie an, wie sich die Anforderungen in den nächsten 3 bis 5 Jahren entwickeln werden.

Ausblick

Journalisten im Internetzeitalter müssen lernen, mit Grenzaufhebungen aller Art umzugehen, und sie müssen lernen, dass sie als Vermittler von gesellschaftlichen Informationen Konkurrenz bekommen haben. Auch andere Akteure wie Unternehmen, Parteien oder Verbände finden den direkten Weg zum Publikum mit der Konsequenz, dass der Journalismus seine Stellung im Kampf um die Aufmerksamkeit des Publikums ständig neu beweisen muss – durch seine Unabhängigkeit und durch seine fachlich-kritische Kompetenz, verlässliche Nachrichten und Bewertungen zu liefern. Das sind seine Kernkompetenzen. Doch auch in diesen Kernbereichen droht ihnen Ungemach. Die Doppelfalle für den Journalismus ist bereits aufgestellt, wie z. B. im Wirtschaftsjournalismus zu beobachten ist – die Kompetenzfalle sowie die Unabhängigkeitsfalle.

In der Kompetenzfalle verstricken sich Redaktionen, die kritiklos Waschzettel z. B. auf Immobilienseiten abdrucken, Artikel und Beiträge nur durch eine einzige Quelle abstützen oder ungeprüft z. B. Analystenmeinungen im Wirtschaftsteil transportieren – wohl wissend, dass diese Stimmen durchaus einzelne Interessen verfolgen. Wie glaubwürdig sind regionale und leider auch überregionale Zeitungen, die in ihren Geldteilen Vertreter von Banken und Sparkassen unkritisch über Anlagethemen schreiben lassen, d. h. dass also Verkäufer von Produkten im redaktionellen Teil ungefiltert zu Wort kommen lassen? Der Mediennutzer ist mit dem Wirrwarr unterschiedlicher, durchaus parteiischer Einschätzungen allein gelassen, zumal er die Verlässlichkeit dieser Quellen oft fachlich nicht mehr einschätzen kann.

Die Unabhängigkeitsfalle ist gleichermaßen gefährlich für das Image des Journalismus. Es geht letztlich um den Kern des Journalismus und seine Glaubwürdigkeit als gesellschaftlich unabhängige und kritische Instanz, um seinen gesellschaftlichen Auftrag, die sog. „öffentliche Aufgabe". Glaubwürdigkeit ist ein äußerst fragiles Gut, welches aus dem Vertrauen der Mediennutzer gespeist wird, dass die Redaktionen unabhängig von singulären Interessen und mit hoher Fachkompetenz die politischen, wirtschaftlichen und sozialen Entwicklungen beschreiben und beurteilen. Glaubwürdiger Journalismus aber kostet Zeit und Geld. Das wird angesichts der Entwicklungen auf den Medienmärkten in den Verlagen und Sendern knapp. Je härter der Zeit- und Spardruck in den Redaktionen wird, desto höher wird das Risiko für Fehlentwicklungen. Die Warnung lautet: Wenn Journalisten zu puren Produzenten von Werbeumfeldern oder gar „Lockvögeln" für allgemeine Geschäftstätigkeiten verkommen, verlieren sie auch für die Werbekunden an Wert.

Auf die Frage „Wird der Journalismus überleben?" antwortete David Shaw, Pulitzerpreisträger und Medienkritiker der „Los Angeles Times" bereits Mitte der 1990er Jahre: „Ich hoffe es. Ich glaube es. Leicht wird es jedoch nicht werden." Diese Einschätzung gilt nach der Jahrtausendwende mehr denn je.

II.   Redaktionen in der Arena des Wettbewerbs –
Fragen und Antworten

Welches Ziel verfolgt das Fachgebiet für Kommunikationswissenschaft und Journalistik der Universität Hohenheim (Stuttgart) mit seinen regelmäßigen Umfragen unter Chefredakteuren?

Zeitungen sind ein sog. „altes", aber erfolgreiches Medium. Ihr publizistisches Konzept wurde vor langer Zeit entwickelt – mit unterschiedlichen Facetten, aber einer hohen Stabilität. Spätestens seit dem Zusammenbruch der New Economy und dem Vordringen des Internet war klar, dass diese publizistische Geschäftsidee wohl reformbedürftiger war, als es auf den ersten Blick erschien. Diesen Prozess der Transformation wollen wir als Lehrstuhl für Journalistik genau beobachten.

Gehen die Chefredakteure mit Optimismus oder Pessimismus an die Umstrukturierungsaufgaben?

Die Aufgabe der Chefredakteure verlangt ja geradezu, dass sie zuversichtlich sind, auch wenn die Bedingungen für sie immer schwieriger werden. Sie wollen ihre Redaktionen fit machen, einerseits Leser zu fangen, andererseits ihnen crossmedial und multimedial – über alle verfügbaren Kanäle – Leistungen anzubieten. Die meisten Chefredakteure halten daher Untergangsvisionen über das Zeitungssterben für „Unfug" oder „Quatsch", zumal solche pessimistischen Stimmen für die alltägliche Motivation der Redaktionen wenig hilfreich seien. Daher können sich auch nur 26 % der befragten Chefredakteure vorstellen, dass es in zehn oder 20 Jahren viele Druckausgaben der Zeitungen nicht mehr geben werde. Die deutliche Mehrheit (47 %) hingegen blickt auch für die gedruckten Zeitungen optimistisch in die Zukunft – und glaubt nicht an deren Ende.

Die meisten Chefredakteure sind zuversichtlich, aber sie wissen, dass sich die Zeitungen gravierend ändern müssen, um mit der digitalen Welt Schritt zu halten. Dreh- und Angelpunkt erfolgreicher publizistischer Konzepte sind die Leser, ihre Interessen und Befindlichkeiten, die „gefühlten" Themen, die Zeitungen aufgreifen müssen, aber auch die knappe Zeit im Alltag. Die Rahmenbedingungen für die redaktionelle Arbeit haben sich massiv verändert – das Medienumfeld ist heute ein ganz anderes als noch vor zehn, 20 Jahren. Und die Menschen haben ganz andere Informationsbedürfnisse. Zeitungen müssen zu Medien der Orientierung werden und den Lesern helfen, die täglichen Entscheidungen aufgeklärter, fundierter und bewusster zu fällen.

Wissen die Chefredakteure inzwischen, wie sie die Probleme des Leser- und Anzeigenschwunds in den Griff bekommen?

Ja – denn sie konzentrieren sich inzwischen auf einige Grundstrategien: Die Zeitungen sollen als Markenkern für ganze Produktfamilien erhalten und gestärkt werden. Mobile Angebote (z. B. als Apps für iPhone oder iPad) werden im Zeitalter der Smartphones als wichtigster Schritt angesehen, um die Menschen zu binden. Die Schließung der sog. Sonntagslücke durch eine siebte Ausgabe hingegen – noch 2002 als vorrangiges Ziel genannt – halten nun nur noch 40 % der befragten Chefredakteure für ausschlaggebend.

Welche unterschiedlichen Strategien verfolgen die Redaktionen?

Publizistisch betrachtet werden letztlich zwei Grundkonzepte verfolgt. Einerseits wird die Berichterstattung auf den Leser als Staatsbürger oder Entscheider ausgerichtet. Dann erhebt sie den Anspruch, Entscheidungsprozesse zu analysieren, wer wann und warum Einfluss nimmt und welche Positionen und Hintergründe vorhanden sind. Sie will den Leser ansprechen, der sich für Politik oder Wirtschaft als prägende Faktoren der Gesellschaft interessiert. Und zwar nicht nur für die Ergebnisse politischer Entscheidungen, sondern für die Art und Weise, wie und warum sie zustande kommen.

Andererseits wollen Zeitungen Service für die Leser bieten und sie vorrangig in ihrer Rolle als Verbraucher ansprechen, der sich für die Ergebnisse von politischen oder wirtschaftlichen Vorgängen interessiert und vor allem für die persönlichen Konsequenzen, die sich daraus ergeben – aber nicht wie sie zustande kamen. Diese Zeitungen wollen eine schnelle

Hilfe im Alltag bieten. Aber wollen Leser wirklich nur „Konsumenten"
sein und nicht mehr?

Welche Strategien sind erfolgversprechend?

Das ist noch nicht absehbar, zumal die beiden Konzepte sich keineswegs
ausschließen. Aber ich bin überzeugt, dass langfristig betrachtet Zeitungen nur dann eine Zukunft haben, wenn sie als kritische Instanz in der
Gesellschaft agieren, indem sie nachfragen und recherchieren, aufgestellte Behauptungen nicht ungeprüft verbreiten und Relevantes aus dem
Strom der irrelevanten Informationen für ihre Leser herausfiltern. Die
reine Nachricht ist in der heutigen Medienwelt schon auf dem Markt,
bevor die Zeitungen erscheinen. Sie müssen deshalb ihre klassische Rolle
als „Chronisten", die weitgehend passiv Nachrichten weitergeben, noch
konsequenter verändern – hin zu „Navigatoren", die Geschehnisse inter-
pretieren und eigene Themen setzen. Wenn Redaktionen den wachen
Bürger und den aufgeklärten Verbraucher im Visier haben, können sie
mit Selbstbewusstsein auf ihre Zukunft blicken. Und wenn Verlage ihnen
hierzu die notwendige Ausstattung geben. Publizistischer Erfolg ist nicht
zum Nulltarif zu haben.

Auf welche Weise hat das Internet die journalistische Arbeit verändert?

Mehr als sich viele Journalisten vorstellen konnten. Ressortgrenzen wurden durchlässig oder aufgehoben, Newsrooms als neue Formen der Zusammenarbeit und Steuerung entstanden, Arbeitsvolumen und Druck
nahmen enorm zu und altbekannte, vertraute Routinen in den Redaktionen laufen ins Leere. Hinzu kommen der Umgang mit dem dynamischen
Internet, die ständig wachsenden Informationslawinen und die Beschleu-
nigung der Arbeitsabläufe. Journalismus wird inhaltlich immer an-
spruchsvoller, aber auch anstrengender, einfach stressiger.

*Wird es in Zukunft eine stärkere Trennung geben zwischen produzieren-
den Redakteuren und Journalisten, die vor allem recherchieren und
schreiben?*

Das zeichnet sich schon ab, allerdings steuern wir eher auf einen Drei-
klassen-Journalismus zu: die Blattmacher und die Autoren in den Redaktionen und – nicht zu vergessen – das Heer an freien Journalisten, die um
Aufträge ringen und ihre Themen anbieten. Die Kernredaktionen werden
immer mehr ausgedünnt und Aufträge flexibel an freie Journalisten oder
Journalistenbüros vergeben. Das verändert den Journalistenberuf mindes-

tens genauso wie die innerhalb der Redaktionen stattfindende Spezialisierung nach Aufgaben.

Ressorts für investigativen Journalismus: warum?

Sicher: In vielen Fällen ist das Image ausschlaggebend. Zeitungen wollen auf sich aufmerksam machen mit neuen, exklusiven Themen und wollen z. B. von Nachrichtenagenturen zitiert werden. Inzwischen ist schon ein richtiger Wettlauf um die sog. Zitationen ausgebrochen. Aber das Streben nach Exklusivität ist zweischneidig. Es bringt im Wettbewerb Beachtung, wenn der Nachrichtenwert stimmt. Wird jedoch eine Schein-Exklusivität produziert, wenn Details, Nebensächlichkeiten oder vermeintliche Widersprüche mit dem Vergrößerungsglas betrachtet und „hochgezogen" werden, kostet diese Aufgeregtheit der Berichterstattung langfristig die Reputation der Zeitungen.

Ressortübergreifendes Arbeiten und titelübergreifende Zusammenarbeit.
Welche Rolle spielt die Teamfähigkeit der Journalisten künftig?

Eine sehr große. Grenzen werden durchlässig oder zum Teil sogar aufgehoben – zwischen den Ressorts ebenso wie zwischen Zeitungen eines Verlags oder kooperierenden Blättern. Die Schaffung von Poollösungen z. B. für investigative Recherche oder Servicethemen sind Ausdruck dieser Entwicklung. Die Frage ist aber immer, was die Motivation hinter Ressort- und Redaktionszusammenlegungen ist. Meist geht es immer auch um die betriebswirtschaftliche Dividende – also Personal- und Kosteneinsparungen. Wenn titelübergreifend kooperiert und zusammengelegt wird, geht es meiner Beobachtung nach sogar meist ausschließlich um Einsparungen und Kürzungen. Ein Beispiel sind die Zeitungen des WAZ-Konzerns, wo die Schaffung einer Zentralredaktion mit massiven Entlassungen von Redakteuren einherging.

Taugen die redaktionellen Konzepte für Zeitungen aller Größe – kleine,
mittlere oder überregionale Blätter?

Das hängt in erster Linie von der Ausstattung und den finanziellen Rahmenbedingungen ab. Bei sehr kleinen Zeitungen liegen die Potenziale für Innovationen eher darin, das redaktionelle Konzept anzupassen, als die redaktionelle Arbeit neu zu organisieren – einfach weil in den Mantelressorts nur wenige Redakteure arbeiten. Aber – kleinere Zeitungen haben den Vorteil, dass sie näher am Leser dran sind und auch kleinere Communitys ansprechen. Dort können sie Kultstatus erringen, wenn sie mutig und frisch den Leser in seiner Nahwelt ansprechen. „Die Zukunft kleinerer Zeitungen liegt im Lokalen. Je globaler die Welt, desto wichtiger ist Heimat", sagt einer der befragten Chefredakteure.

Welche Rolle hat der Journalismus bei der Wirtschaftskrise gespielt?

Wirtschaftsberichterstattung interessiert wegen der aktuellen Krise ebenso wie aus grundsätzlichen Überlegungen. Neben der Politik ist die Wirtschaft für die Zeitungen zu einem zentralen Berichterstattungsthema geworden, das die Leser immer mehr betrifft und in dem sie punkten oder verlieren können: Unsicherheit an den Arbeitsplätzen, Sorge um die berufliche Entwicklung, Chancen auf dem Arbeitsmarkt, tägliche Entscheidungen beim Einkauf, am Bankschalter u. a. Die Leser merken, wer ihnen unabhängig hilft oder sie alleine lässt. Daher werden wir weiterhin Politik und Wirtschaft genau unter die Lupe nehmen.

Wie hat sich das Image der Ressorts entwickelt?

Das interne Image der Wirtschaftsredakteure hat sich ebenso geändert wie das der Lokalredaktion. Beide haben an Selbstbewusstsein und Standing sichtbar gewonnen. Dass die Wirtschaft ein Thema anfangs recherchiert, dann aber – wenn es an Fahrt und politischer Brisanz gewinnt – an die Politik abgeben muss, geschieht nach wie vor, aber immer weniger. Die Newsrooms und die neuen Abläufe in den Redaktionen „zwingen" schon frühzeitig Journalisten dazu, ressortübergreifend bei einem Thema zusammenzuarbeiten. Das entscheidet das sog. „Desk". Nach unseren Erkenntnissen liegt gerade in der ressortübergreifenden Zusammenarbeit großes Potenzial für außergewöhnliche publizistische Leistungen. Die Sachkenntnisse und Perspektiven der verschiedenen Redakteure können sich im gegenseitigen Austausch befruchten. So bekommt z. B. ein Wirtschaftsredakteur von seinem Kollegen aus dem Politikressort Fragen gestellt, auf die er selbst vielleicht nicht kommt und die ihm auch seine eigenen Ressortkollegen nicht stellen. Allerdings kann es heute öfter passieren, dass Journalisten mit ganz unterschiedlichem Vorwissen abwechselnd ein Thema bearbeiten.

Ist es sinnvoll, angesichts der Komplexität der Themen z. B. die Ressorts Politik und Wirtschaft zu trennen?

Thematische Spezialisierungen von Fachredakteuren muss und wird es immer geben. Sachkenntnis in einem Bereich und ein reiches Netzwerk an Kontakten und Informanten sind Voraussetzung für eine gute Berichterstattung. Dabei darf es aber nicht bleiben, sondern es kommt zunehmend darauf an, die verschiedenen Kompetenzen dann in der redaktionellen Arbeit zu vernetzen und für die Arbeit an einem Thema zu bündeln. Das ist genau die Herausforderung einer modernen Redaktionsorganisation. Durch die Einführung der Newsrooms haben die Ressorts ein Stück ihrer Unabhängigkeit und „Macht" abgegeben. Sie behalten nach wie vor ihre wichtige Zuständigkeit bei der fachlichen Beurteilung eines Berichterstattungsthemas. Die operative Umsetzung wird aber meist im Newsroom entschieden.

Welche Rolle spielt die Tageszeitung heute und morgen?

Durch die tägliche Erscheinungsweise und das gedruckte Papier ist die Zeitung ein sehr wertiges, besonderes Medium, das aus der Masse der Medien herausragt. Diesen Anspruch muss sie dann aber auch inhaltlich in der Berichterstattung und dem Nutzen, den sie den Lesern im Vergleich zu anderen Medien bietet, einlösen. Die Zeitungen sind heute – immer noch – das Leitmedium in der gesellschaftspolitischen Berichterstattung, das in Politik und Wirtschaft große Beachtung findet. Künftig werden sie eine wichtige Stimme sein. Nur noch knapp die Hälfte (47 %) der befragten Chefredakteure glaubt, dass ihre Zeitungen auch in Zukunft noch dieses Gewicht wie heute haben werden. Zeitungen stehen vor der Herausforderung, sich neu zu positionieren – im Netzwerk der Medien – und durch aktive, publizistische Leistungen dem Leser jeden Tag aufs Neue zu zeigen, dass sie ihr Geld wert sind. Schließlich werden die Leser – angesichts der sinkenden Anzeigeneinnahmen – künftig für die Zeitungen mehr zur Kasse gebeten werden.

Wer liest künftig noch die Zeitung?

Die gleichen Menschen wie heute, hoffentlich mehr jüngere Leser und integrierte Migranten. Ob Zeitungen auf Papier ausgedruckt oder auf einem elektronischen Lesegerät genutzt werden, hängt davon ab, welche individuellen Vorlieben die Leser haben werden. Wichtiger ist in meinen Augen, dass Zeitungen sich als Medien der Entschleunigung und der Bündelung von Themen positionieren – angesichts der überbordenden, entbündelten Nachrichtenströme im Netz. Über welche Übermittlungsform das geschieht, entscheidet der Nutzer.

III.   Die publizistische Geschäftsidee der Zeitung

Hat das Geschäftsmodell Journalismus eine Zukunft? Kann der Pressejournalismus den Strukturwandel des Mediensystems und den Siegeszug
des Internet als immer häufiger genutztes Medium überstehen? Die Fragen beinhalten einen Hauch von Apokalypse und sind sicher provokant
formuliert.

Tageszeitungen bieten auf ihren Websites zum Beispiel Plattformen für
den sog. Bürgerjournalismus an. Leser können Bilder und Videos an Redaktionen schicken und arbeiten als „Leser-Reporter". Jede vierte Tageszeitung in Deutschland arbeitet bereits mit Lesern als Journalisten. Dies
ist das Ergebnis des Forschungsprojekts „Leserreporter ", das Studierende
im Sommersemester 2007 im Rahmen der journalistischen Ausbildung
im Aufbaustudiengang Journalistik der Universität Hohenheim durchgeführt haben. Das Forschungsprojekt beschäftigte sich mit dem Einsatz der
Leserreporter in deutschen Tageszeitungen. Die Studierenden führten im
August 2007 eine Befragung aller Tageszeitungsredaktionen durch (Voll-
erhebung). 65 Tageszeitungen antworteten. Demnach arbeiten zu diesem
Zeitpunkt bereits 24,6 % der Zeitungen mit Leserreportern, 7,7 % planen
deren Einsatz. Gut zwei Drittel der Zeitungen wollen dieses Instrument
nicht nutzen.

Die Spielarten des Bürgerjournalismus (citizen journalism) werden immer bunter – vom Presseausweis für BILD-Leser, die auf Prominenten-
jagd gehen, bis hin zu lokalpolitisch interessierten Lesern, die schreiben,
wo sie der Schuh drückt. Die meisten Zeitungen schätzen die Leserreporter als gute Themen-Scouts (Themenfindung) oder sehen in ihnen ein
Instrument zur Leserbindung und des Marketings. Andere wiederum sehen im Bürgerjournalismus eine Gefahr für die Redaktion. Stellvertretend
für viele sagt ein Chefredakteur einer großen Regionalzeitung: „Die
Rückbesinnung auf die journalistisch-publizistische Qualität (Inhalte!) ist
entscheidend, für deren Präsentation die gedruckte Zeitung unschlagbare
Vorteile bietet. Das 'Leserreporter-Modell' ist dagegen der schnellste
Weg zur Selbst-Marginalisierung."

Gesucht wird die künftige publizistische Geschäftsidee für das Medium
Zeitung. Das ursprüngliche Modell entstand in einer Zeit, in der die Men-
schen unterversorgt waren mit Nachrichten über das Geschehen in der
Welt, Meinungs- bzw. Pressefreiheit als politische Rahmenbedingung

erkämpft werden musste und die tägliche Erscheinungsweise – die Tagesaktualität – dem Pulsschlag der Gesellschaften gleichkam. Neuigkeiten und Nachrichten aus der Welt täglich zu den Menschen zu bringen –
verständlich, kommentiert, bildend und unterhaltend – darauf konzentrierte sich einst die publizistische Geschäftsidee der Zeitungen. Es war
auch die Priorität des Publizistischen, die in der Vergangenheit für den
Erfolgskurs der Zeitungen sorgte.

Aber das reine Interesse an Nachrichten geht bei den Lesern von Genera-
tion zu Generation zurück. Vor allem junge Menschen wenden sich vom
sog. „Qualitätsjournalismus" ab und anderen Mitteilungsformen zu.
„Tradition ist kein Geschäftsmodell", heißt es im provokanten Internet-
Manifest (7. Juli 2009), und – wie man sieht – kein Selbstläufer mehr.
Wenn Zeitungen schon über Jahrzehnte hinweg schleichend bei einigen
Lesergruppen an Relevanz verlieren, ist es Zeit, über die publizistische
Geschäftsidee nachzudenken.

Denn heute befinden wir uns in einem Transformationsprozess, dessen
Ende und Ergebnis noch nicht erkennbar ist, und den Dr. Hubert Burda
zu Recht bezeichnete als „den größten Medienumbruch, seit Gutenberg
die movable types erfand" (Münchner Medientage 2006). Inzwischen ist
eine breite Diskussion über die Zukunft der Zeitungen ausgebrochen und
man fragt: „Wozu noch Journalismus?" (Serie der Süddeutschen Zeitung). Kein Wunder: Dieser Umbruch sorgt für Unsicherheit und Unbe-
hagen und einen Hauch von Apokalypse. Und Journalisten lieben offensichtlich die Apokalypse – selbst wenn es um den eigenen Beruf geht.
Schwindet ihr Selbstbewusstsein?

Jedenfalls helfen die bisherigen Denkmodelle für den Zeitungsjournalismus nicht mehr. Ausgangspunkt war ein Medium, die Zeitung, und davon
ausgehend die Überlegung, wie man ein erreichbares Publikum bestmög-
lich mit Themen versorgen kann, von denen man glaubt, dass sie an-
kommen. Diese Denkmodelle greifen nicht mehr.

Startpunkt für künftige Überlegungen sind die Menschen geworden und
ihre Befindlichkeit. Sie leiden inzwischen an einer Informationsüberflu-
tung, haben immer weniger Zeit und müssen täglich Entscheidungen
treffen in Angelegenheiten, die sie kaum noch begreifen. Ausgangspunkt
für eine Neuformulierung der publizistischen Geschäftsidee sind also die
Leser und die Themen, der sog. „Content", der ihnen zielgruppenspezi-

fisch und über verschiedene Kanäle angeboten wird – eben die publizistische Leistung – crossover und multimedial.

Abgesehen von der Dramatik vieler aktueller Diskussionsbeiträge ist auffallend, dass über Geschäftsmodelle der Zeitungen derzeit vor allem unter ökonomischen Aspekten räsoniert wird und dass über die Zahlungsbereitschaft der Menschen für Angebote spekuliert wird, die diese meist noch gar nicht kennen.

Meine Frage heute ist: Wie muss sich die publizistische Geschäftsidee der Zeitungen weiterentwickeln, damit sie zukunftsfähig sind und die Leser bereit sind, für sie auch mehr Geld zu zahlen? Was wird heute für die publizistische Zukunftssicherung der Zeitungen getan? Entscheidend ist, ob der Leser den Wert der journalistischen Leistung erkennt. Erst wenn es ihm wichtig erscheint, wird er für diesen Journalismus auch bezahlen.

Die ungemütliche Position der Zeitungen im Schnittpunkt mehrerer Entwicklungen

Die Position der Zeitungen ist in der Tat ungemütlich, weil mehrere Entwicklungen zusammenkommen.

▪ *Leser müssen künftig für Journalismus mehr zahlen:*

Die Werbung – das Rohöl der Kommunikationsbranche gewissermaßen – verknappt sich und damit bröckelt die wichtigste Säule der Finanzierung – die Anzeigen. Also gilt es schleunigst nach Alternativen zur Werbefinanzierung zu suchen. Schließlich lagen 2009 die Vertriebserlöse am deutschen Zeitungsmarkt erstmals vor den Werbeeinnahmen. Einige Zeitungen haben ihre Copypreise bereits erhöht.

▪ *Die technische Entwicklung hat eine unterschätzte Mehrfachwirkung:*

Internet, Twitter, Social Media – die Medienentwicklung führt nicht nur dazu, dass die Journalisten ihr Gatekeeper-Monopol der Nachrichtenvermittlung verlieren und Konkurrenz durch neue Medienkanäle erhalten. Gleichzeitig führt diese Entwicklung dazu, dass sich die gesellschaftliche Kommunikation enorm beschleunigt und die Tagesaktualität der Zeitungen – im Vergleich zu den elektronischen Medien – zum vermeintlichen Handicap wird. Schließlich stehen ja in der Zeitung von heute die Nachrichten von gestern.

Nicht genug: Darüber hinaus verwöhnen die schnellen Online-Medien die Menschen und machen sie ungeduldiger; die Zeitungen laufen Gefahr, ein altmodisches Image zu erhalten und als nicht mehr up-to-date zu gelten. Die technische Innovation Digitalisierung – der Prozess, der die Medienumbrüche letztlich auslöst – verändert also nicht nur die Strukturen und Geschäftsmodelle, sondern auch die Wahrnehmungen und Denkweisen der Leser. Die „neuen" Medien beeinflussen so auch die Erwartungen an die Zeitungen.

- *Informationslawine birgt Glaubwürdigkeitsrisiken:*

In Wirtschaft, Politik und Gesellschaft aber steigt die Menge der Nachrichten und Stellungnahmen von Tag zu Tag. Die Prüfung der Fakten wird somit für Journalisten schwieriger, zumal sie immer weniger Zeit haben zum Nachfragen und Nachrecherchieren. Wenn die Zeit gründlicher Recherche fehlt, werden aus puren Behauptungen, die aufgestellt werden, schnell Nachrichten, die die Medien dann ohne weitere Prüfung verbreiten und die über den Durchlauferhitzer Medien der Gesellschaft präsentiert werden. Das kostet Glaubwürdigkeit, von der die Zeitungen derzeit leben.

Wenn die Leser künftig mehr bezahlen müssen, muss die Glaubwürdigkeit stimmen. Journalistische Recherche und Überprüfung, Nachfragen und ggf. Ergänzen sind ein sog. „kritischer" Erfolgsfaktor für Zeitungen, d. h. einer der Faktoren, der gegeben sein muss, um im Wettbewerb der Angebote zukünftig zu punkten.

- *Reputationsgefahr – Streben nach Exklusivität kann Irrelevantes produzieren:*

Hinzu kommt, dass der Wettbewerb der Medien auch in einen Wettbewerb um exklusive Themen und Nachrichten mündete. Das führte in der Praxis zu einer Revitalisierung des investigativen Journalismus, aber auch dazu, dass Details, Nebensächlichkeiten oder vermeintliche Widersprüche mit dem Vergrößerungsglas betrachtet und sozusagen „hochgezogen" werden. Steffen Klusmann (Chefredakteur der G+J-Wirtschaftsmedien) sagt: „Ich weiß, wir haben mit dem Quatsch angefangen, aber der Wettstreit um Zitationen führt zu haufenweise irrelevanten Meldungen." (medium magazin 03/2010, S. 15). Entdeckt der Leser diese Irrelevanzen, verlieren Zeitungen ihre Reputation.

Das Streben nach Exklusivität hat also zwei Seiten: Profilschärfung durch herausragende publizistische Leistungen oder eine aufgeregte Jagd nach mehr oder weniger relevanten Scoops, also eine Schein-Exklusivität. Abzuwarten ist, ob die Investitionen in den investigativen Journalismus („Recherchepools") zu echtem journalistischem Mehrwert führen, wie die Leser solche Scoops sehen oder ob sie eher Symbolik sind.

Wichtige Erkenntnisse der Chefredakteursumfragen

Am Anfang jeder tragfähigen Strategie steht die Wahrnehmung der Ursachen, warum den Tageszeitungen ein derart eisiger Wind ins Gesicht bläst. Über die Jahre ändert sich die Wahrnehmung der Chefredakteure. Klar ist, es handelt sich um strukturelle Probleme, die durch konjunkturelle Einflüsse verstärkt und überlagert werden, sowie um eine neue publizistische Positionierung der Zeitung im Mediengeflecht.

Zu den potenziellen Konkurrenten der Zeitungen zählt das Internet, das 2002 von nicht einmal 10 % der Chefredakteure als Konkurrenz um Zeitbudgets oder Gelder angesehen wurde, 2009 waren es bereits 66 %, also zwei Drittel. Genau betrachtet ist jedoch das Internet eher ein Symbol für den Wandel der Mediennutzungsgewohnheiten geworden. Schließlich beginnen die Probleme der Zeitungen mit den jungen Lesern bereits schon viel früher – in den späten 1980er und frühen 1990er Jahren. Daraus könnte man folgern, dass all die Bemühungen der Verlage um Online-Auftritte (z. B. crossmediale Verbreitung der Themen, Einführung der Newsrooms) ein wichtiger Schritt sind, aber das Grundproblem der Zeitungen nicht an der Wurzel packen werden. Die publizistische Geschäftsidee verlor vor allem bei jungen Menschen schon vor der Verbreitung des Internet an Attraktivität. Die Online-Medien haben diese Entwicklung jetzt noch verstärkt.

Die Zeitungen werden zum Kern ganzer Produktfamilien und müssen sich im Medienverbund positionieren. Einige Strategieelemente gewinnen in den Augen der Chefredakteure über die Jahre an Bedeutung, andere wiederum treten zurück. Ihre Einschätzungen ändern sich im Laufe der Jahre – auch ein Indiz für die Schwierigkeit, die Medienentwicklung abzuschätzen.

Allerdings – die Zuversicht, dass die Zeitungen Leitmedien bleiben und es auch künftig gedruckte Ausgaben geben wird, schwindet bei den Redaktionschefs im Laufe der Jahre – noch lange bevor elektronische Lesegeräte wie Kindle oder iPad propagiert wurden.

Die publizistische Geschäftsidee verlagert sich mehrheitlich von einem Nachrichtenmedium zu einem tagesaktuellen Analysemedium. Magazingeschichten, vertiefende, themenbezogene Analysen, Aufmerksamkeit durch exklusive Geschichten und Erklärung des komplexen Geschehens sind aktuelle Trends.

Auffallend ist: Es sind in der Regel vornehmlich große regionale und überregionale Zeitungen, die einen konsequenten Modernisierungskurs einschlagen, während kleinere Blätter eher den klassischen Weg gehen. Quantitativ betrachtet sind die meisten Zeitungen dabei, sich von ihrer Rolle als vornehmlicher Nachrichtenvermittler oder Chronist zu verabschieden und den anspruchsvollen Weg zu gehen, unter den Bedingungen der Tagesaktualität und der Sparprogramme der Verlage mit den Mitteln des Magazinjournalismus unverwechselbare Interpretationen anzubieten sowie den (sub)lokalen Journalismus zu forcieren.

Der Weg führt von der Aktualität der Ereignisse, der Stellungnahmen (auch „primäre Aktualität" genannt) zur gefühlten Aktualität und Befindlichkeit der Leser (sog. Outside-in-Orientierung). Die Leser werden ernst genommen und in Kommunikationsprozesse eingebunden.

Wodurch wird die künftige Berichterstattung getrieben – durch das offizielle Geschehen, die Chronik der Ereignisse und Entscheidungen oder die Interessen und Gefühlslagen der Leser und Kunden? Schaffen es die Zeitungen, Balance zu halten? Wie wird heute im 21. Jahrhundert die Wächterfunktion interpretiert? Einige Redaktionen bleiben skeptisch gegenüber dem Siegeszug des Magazinjournalismus und setzen weiterhin auf klassische Formen. Ob Zeitungen wirklich zu täglich erscheinenden Analysemedien werden, ist noch offen. Die meisten Redaktionen begeben sich auf diesen höchst anspruchsvollen Weg, andere wiederum können (und wollen) ihn aber nicht einschlagen.

Die Wirtschaftsberichterstattung wird zum „kritischen Erfolgsfaktor". Über 60 % der befragten Redaktionen haben erkannt, dass – spätestens seit der Wirtschaftskrise – die Wirtschaftsberichterstattung für die Leser enorm wichtig geworden ist. Wenn sie in diesem Feld punkten, sprechen sie die Emotionen ihrer Leser an und können deren Vertrauen zurück gewinnen.

Mehr als ein Drittel (36 %) der befragten Chefredakteure spricht selbstkritisch aus, dass sie während der Wirtschaftskrise die Bedürfnisse ihrer Leser vernachlässigt haben – vor allem kamen Analysen zu den systembedingten Ursachen der Krise, zum Agieren der Landesbanken, zur Verantwortung der Politik bei der Regulierung und Kontrolle der Finanzinstitute und zur Rolle der USA zu kurz.

Bis heute – so die Chefredakteure – fehlen fundierte Analysen über die Folgen der Krise für die junge Generation, die Verantwortung der „normalen" Bürger und deren Fehlentscheidungen im Umgang mit Geld, die Perspektive der Steuerzahler, der Arbeitnehmer und der Regionen.

Ein neuer Wirtschaftsjournalismus? Mehr „Watch Dog" und weniger „Gatekeeper"? Beanspruchen Zeitungen auch eine Art Wächterfunktion über die Wirtschaft – z. B. aus der Perspektive des Bürgers, Steuerzahlers, Arbeitnehmers oder Anlegers? Über die Trends in der Wirtschaftsberichterstattung besteht bei den befragten Chefredakteuren Einigkeit: mehr Analyse und kritische Distanz, mehr Gewicht der Wirtschaftspolitik, mehr Hintergründe und Wertungen.

Allerdings – die Wirtschaftsberichterstattung steht am Scheideweg. Genau betrachtet werden zwei Konzepte oder „Ideen" des Wirtschaftsjournalismus verfolgt, die in unterschiedliche Richtungen weisen, aber sich keineswegs ausschließen:

▪   Einerseits eine Wirtschaftsberichterstattung, die den Anspruch hat, den Leser in seiner Rolle als Staatsbürger oder als Entscheider anzusprechen. Sie analysiert Entscheidungsprozesse und wer auf sie warum Einfluss nimmt, sie will Hintergründe aufklären und den Leser ansprechen, der sich für die Wirtschaft als prägenden Faktor unserer Gesellschaft interessiert.

▪   Andererseits eine Wirtschaftsberichterstattung, die auf Service für den Leser setzt, den sie vorrangig in seiner Rolle als Verbraucher anspricht, die sich mehr auf die Ergebnisse von wirtschaftlichen Vorgängen konzentriert und weniger, wie sie zustande kamen. Sie will so eine breite Leserschaft mit Alltagsproblemen ansprechen. Aber soll der Leser wirklich nur „Konsument" sein und nicht mehr?

Auch hier wieder der Befund: Vor allem kleine, lokal ausgerichtete Zeitungen tendieren zum Konzept Service und Verbraucherberichterstattung, während große und überregionale Blätter vor allem eine hintergründige, vertiefende Berichterstattung anstreben. Einige Blätter wagen auch den Spagat und verbinden beide Konzepte.

Bisher gibt es „die" publizistische Geschäftsidee für die Zukunft nicht; die Redaktionen – so unsere Umfragen – schlagen unterschiedliche Wege ein. Die Größe der Zeitungen spielt eine Rolle. Mehrheitliche Strömungen sind klar erkennbar.

Publizistische Leistungen für die Zukunft

Die Umfragen unter den Chefredakteuren weisen auf entscheidende Etappen bei der Umstrukturierung und Neuausrichtung der redaktionellen Arbeit. Bezieht man die Veränderungen der Wettbewerbslage sowie die Trends der Mediennutzung mit in diese strategischen Entscheidungen ein, müssen Zeitungen publizistische Leistungen künftig in vier Dimensionen (vgl. Abb. 11) erbringen:

▪   Zeitungen müssen in der Flut ungeprüfter oder interessengebundener Informationen als „kritische Instanz" wahrgenommen werden, die das Publikum im Alltag begleitet.

Abbildung 11: Publizistische Geschäftsideen – Dimensionen für die Zukunft

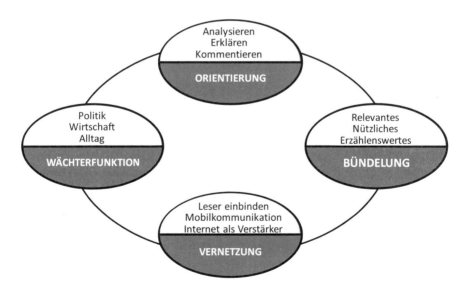

Quelle: Eigene Darstellung.

- Zeitungen haben die Aufgabe, ihrem Publikum Orientierung zu geben, indem sie nicht nur informieren, sondern vor allem einordnen und bewerten – auch wenn die Leser über die Themen und Schlussfolgerungen überrascht sind. Zeitungen sind Push-Medien und dienen der Entschleunigung des Alltags.
- Zeitungen haben nicht nur ein begrenztes Platzangebot, sondern sollten die Bündelung der Nachrichtenströme sowie ihre Prüfung als strategischen Mehrwert begreifen, den sie durch professionellen Journalismus schaffen und einem Publikum anbieten, das in den Medienfluten zu ertrinken droht.
- Das Internet ist nicht ihr Konkurrent, sondern vielmehr ein Partner oder gar „Gehilfe" für die Zeitungen, wenn sie sich auf ihre Vernetzungsfunktion konzentrieren und den Leser in intakte Kommunikationsbeziehungen einbinden wollen.

Alle vier Dimensionen zusammen bilden Koordinaten für redaktionelle Konzepte der Zukunft. Warum ist es wichtig, als kritische Instanz zu agieren – selbstbewusst die Wächterfunktion zu übernehmen – nicht nur für die Politik, sondern auch für Wirtschaft und Alltag? Wir brauchen in der Gesellschaft eine Instanz, die Relevantes von Irrelevantem trennt und die Behauptungen prüft, bevor sie verbreitet werden – nicht nur aus der Perspektive von Verbrauchern, sondern auch generationsübergreifend aus dem Blickwinkel der Menschen in verschiedenen Rollen – Bürger, Steuerzahler, Berufstätige, Arbeitslose, Einwanderer u. a.

Wird die Wächterfunktion der Presse jedoch traditionell eng aufgefasst und nur auf die Politik ausgerichtet, geraten die Zeitungen langfristig betrachtet in eine Sackgasse oder sie vernachlässigen die Ökonomisierung unseres Alltags. Die Verbraucherperspektive allein weist auch keinen Weg in die Zukunft, sondern häufig einen Weg direkt in die Arme von PR und Werbeeinflüssen – und damit in eine Glaubwürdigkeitsfalle.

Günther Jauch hat einmal die Zeitungen als Lebensmittel für wache Bürger bezeichnet. Kritisches Prüfen von Behauptungen, bevor sie zu Nachrichten werden, Analysen, Erklärungen und sachkundige Stellungnahmen sind gesellschaftlich unverzichtbare Leistungen unserer Zeit.

Heribert Prantl spricht von einer „Reintellektualisierung" des Journalismus, der sich weniger aufs Reportieren, sondern vielmehr auf die Reflexion des Zeitgeschehens konzentrieren solle. Dann agieren Zeitungen als kritische Instanzen oder „Rückgrat" (in Anlehnung an Jürgen Habermas) unserer Gesellschaft und Demokratie.

Hinzu kommt, dass Zeitungen als gedruckte Medien zur Entscheidung beitragen. Ihr Weg führt vom Nachrichtenmedium zum glaubwürdigen Analysemedium, das erklärt und kommentiert. Orientierung durch Einordnung! Das geht über die Lotsenfunktion hinaus und beinhaltet eine anwaltschaftliche, verständliche Aufklärungsarbeit.

Nicht zu vergessen: Zeitungen sind vorrangig *Medien der Entschleunigung*. Sie helfen den Menschen, die immer weniger Zeit haben, den Alltag zu strukturieren und sich zu orientieren. Das stellt hohe Anforderungen an die fachliche Kompetenz der Redaktionen, die sich nicht nur hinter externen Autoren und Experten verstecken dürfen.

Altbundeskanzler Helmut Schmidt hat diese Art des Journalismus auf den Punkt gebracht. Er sagt: *„Wir brauchen Journalisten, die Hintergründe transparent machen und zugleich für jeden verständlich formulieren."*

Bündelung und Entschleunigung greifen ineinander. Den entbündelten Nachrichtenströmen in den Netzen können Zeitungen entgegentreten, wenn sie bewusst Relevantes und Nützliches für den (auch jungen) Leser zusammenstellen, aber auch so, dass man es weitererzählen oder seinen Freunden/Bekannten weitergeben kann. Ziel der Zeitungen muss es nicht nur sein, gelesen zu werden, sondern Gesprächsstoff zu liefern und weiter empfohlen zu werden. Gerade junge Menschen wollen das, was sie konsumieren, mit anderen teilen.

Dieser Punkt bezieht sich nicht nur auf das *Was* (die Themen), sondern vor allem auf das *Wie* der Aufbereitung.

Letztlich entscheidet die Vernetzung, ob Zeitungen sich im Geflecht der Medienlandschaft positionieren und „einrichten" können. Das bedeutet: Leser einbinden, moderieren und Schnittstellen bieten. Zeitungen leben künftig von den Kommunikationsbeziehungen zu ihren Lesern, die sie thematisch einbinden und mobil begleiten – unabhängig davon, ob sie künftig auf Papier ausgedruckt oder vom iPad gelesen werden. Das Internet wird zum Partner und Verstärker der Zeitungen. Auf keinen Fall darf es als Rivale oder Feind betrachtet werden, sonst agieren die Zeitungen an den Einstellungen vor allem junger Menschen vorbei und werden ihre Rolle als publizistische Knotenpunkte in den Netzwerken – oder anders ausgesprochen als Markenkern – nicht finden.

Zeitungen können m. E. eine sog. „Star-Position" – eine Position mit vielen Kommunikationsbeziehungen – in der heutigen Netzwerkkommunikation besetzen, wenn sie moderieren, Schnittstellen bieten und wichtige Botschaften in die Netzwerke einspeisen.

Allerdings: Auch eine Star-Position in der Netzwerkkommunikation ist kein Allheilmittel. Auch sie lebt vom Wert und von der Qualität der publizistischen Leistungen.

Alles in allem

- Wir wissen heute nicht, wer für Journalismus wie viel bezahlen wird.

- Aber wir wissen, dass es notwendig wird, den Leser stärker zur Kasse zu bitten. Denn aus Werbung allein lässt sich qualitativer Journalismus künftig wohl nicht finanzieren. Dann muss über den Wert publizistischer Leistungen offensiv gesprochen werden.

- Dreh- und Angelpunkt redaktioneller Konzepte sind die Leser – deren Interesse und Befindlichkeit, ihre knappen Zeitbudgets, die Risiken, die auf sie zukommen, und die Chancen, die sie nutzen können. Zeitungen sind Medien zur Orientierung im Alltag und sollten helfen, dass ihre Leser die täglichen Entscheidungen aufgeklärter, fundierter und bewusster fällen können.

Die Leser sind meist still. Sie rufen nicht: „Wir sind die Leser!" Leser demonstrieren auch nicht, wenn sie sich zu wenig beachtet fühlen, sondern wenden sich eben anderen Medien zu. Die Zeiten, in der sie als still Leidende „ihrer Zeitung" die Treue hielten, sind vorbei. Dieser Prozess hat allerdings schon vor der Verbreitung des Internet angefangen.

Es klingt paradox – aber eigentlich müssen vor allem diejenigen, für die die Zeitungen gemacht werden, in erster Linie wieder vom publizistischen Wert der Blätter überzeugt werden – über eine breite gesellschaftspolitische Diskussion ebenso wie über eine Berichterstattung, die nicht nur Politiker, Unternehmer oder die Kollegen anderer Redaktionen schätzen, sondern vor allem die Leser. Das Wort „Qualität" verwende ich hier bewusst nicht.

Der publizistischen Geschäftsidee sollte wieder mehr Aufmerksamkeit gewidmet werden. Sie ist reformbedürftiger als auf den ersten Blick sichtbar. Sie muss neu formuliert bzw. geschärft werden.

Es ist Zeit, Abschied zu nehmen von der Chronistenpflicht und dem Ziel, über das Geschehen in der Welt, die vielen Stellungnahmen aus Politik, Wirtschaft und anderen Bereichen der Gesellschaft möglichst konzentriert und detailgenau zu berichten. Zeitungen müssen heute nicht mehr vollständig sein. Wichtig ist aber, dass sie für die jeweiligen Leser relevante Themen auswählen und so aufbereiten, dass diese sie einerseits verstehen und andererseits auch in ihrer knappen Zeit nutzen können.

Hierbei werden kompetente Journalisten zu Markenzeichen, die das Image beim Leser oder bei Anzeigenkunden genauso prägen können wie unbeholfene Praktikanten, wenn sie in der Einarbeitungszeit „Geschichten" recherchieren. Zeitungen müssen ihr Gesicht zeigen und vor allem die Menschen, die professionell für ihre Leser arbeiten. Sie müssen auf Kompetenz und Verlässlichkeit in einer Welt setzen, die immer beliebiger wird.

Unter diesen Bedingungen steigen die fachlichen Anforderungen an den Tageszeitungsjournalismus, der mit großer Kompetenz agiert und Kompliziertes klar auf den Punkt bringt. Aber schließlich soll ja die Idee aufgehen, dass für Journalismus mehr Geld gezahlt wird. Das wird nur gelingen, wenn die publizistische Leistung stimmt.

C. Special: Neupositionierung im Wirtschaftsjournalismus

I. Erkennen, was die Leser wirklich bewegt
Chancen für die Wirtschaftsberichterstattung
von Tageszeitungen

Eurokrise, Milliarden für Rettungsschirme und drohende Staatspleiten: Die Verunsicherung, Angst oder gar Wut vieler Bürger gegenüber den Politikern und dem Finanzsektor wächst, weil sie fühlen – am Ende bezahlen sie als Steuerzahler die Rechnung. Sie befürchten: Milliardenbeträge fließen aus Deutschland ab, und dieses Geld steht künftig nicht mehr für soziale Zwecke, für die Ausbildung junger oder die Pflege alter Menschen und künftige Renten zur Verfügung. Kein Wunder, dass in den letzten Monaten das Interesse der Bevölkerung an Wirtschaftsthemen enorm gestiegen ist – ganz im Gegenteil zum zunehmenden Desinteresse vieler, politikverdrossener Bürger an politischen Themen. Aktuell interessieren sich 41,7 % der befragten Bürger (sehr) stark für das Themenfeld Wirtschaft, Finanzen und Unternehmen. 44 % zeigen ein mittleres Interesse. Das heißt: Wirtschaftsthemen bewegen mehr als vier Fünftel der Bevölkerung wirklich. In diesem wachsenden Interesse der Leser an der Wirtschaftsberichterstattung liegt eine Chance für die krisengebeutelten Zeitungen und den Journalismus gleichermaßen.

In einer Gemeinschaftsstudie des Fachgebiets Kommunikationswissenschaft und Journalistik der Universität Hohenheim und der ING-DiBa AG wurden Bürger und Entscheidungsträger der Wirtschaft repräsentativ befragt, was sie von der Wirtschaftsberichterstattung erwarten und wie zufrieden sie mit den einzelnen Medien und redaktionellen Angebotsweisen sind. Die Studie gibt ermutigende Hinweise auf die starke Stellung der (regionalen) Zeitungen als Informationsquellen für verunsicherte Bürger sowie Denkanstöße für eine Neupositionierung des Wirtschaftsjournalismus in Zeitungen. Allgemein gesprochen sind nämlich die Menschen mit den publizistischen Leistungen des Journalismus keineswegs zufrieden. Im Gegenteil: 41,8 % der befragten Bürger sind unzufrieden, weil sich die Medien – ihrem Eindruck nach – zu sehr mit eher unwichtigen Themen oder gar Nebensächlichkeiten beschäftigen. Ihr Hauptvorwurf lautet: Die Medienberichterstattung behandle zu wenig „ihre" Fragen, z. B. an die Politiker oder die Finanzbranche, „ihre" Sorgen, z. B. was aus ihrem hart erarbeiteten Geld wird, und „ihre" Anliegen, z. B. als Steuerzahler, Verbraucher, Berufstätige oder Rentner. Das heißt: Viele Bürger wünschen sich, dass die Medien wieder näher an sie heranrücken und ihnen das komplexe und oft beunruhigende Geschehen auf den Märkten und in Europa erklären.

Tageszeitungen – wichtige Quelle für Wirtschaftsinformationen

Die repräsentative Umfrage belegt, dass die Bürger durchaus zwischen den einzelnen Medien und deren Leistungen differenzieren können und mit den Zeitungen vergleichsweise eher zufrieden sind (vgl. Abb. 12).

Abbildung 12: Zufriedenheit der Bürger mit der Berichterstattung

Quelle: Repräsentative Bevölkerungsbefragung; Gemeinschaftsstudie der Universität Hohenheim und ING-DiBa AG; Frage: „Wenn Sie nun einmal an die einzelnen Medien denken: Wie zufrieden sind Sie da mit der Berichterstattung im Allgemeinen? Bitte sagen Sie mir bei jedem der folgenden Medien, ob Sie mit deren Berichterstattung – alles in allem – sehr zufrieden, eher zufrieden, eher unzufrieden oder sehr unzufrieden sind. Wenn Sie eines der folgenden Medien überhaupt nicht nutzen, sagen Sie es mir bitte." (n = 1.000, Datenerhebung durch forsa Gesellschaft für Sozialforschung und statistische Analysen mbH [Berlin]).

Knapp Dreiviertel der Bevölkerung schätzen das publizistische Angebot der Zeitungen durchaus, dicht gefolgt von den Nachrichtenmagazinen wie „Der Spiegel" oder „Focus". Nur der öffentlich-rechtliche Rundfunk schneidet mit seinem Informationsangebot in ihrem Urteil besser ab. Auch Wochenzeitungen und selbst die Fachzeitschriften – die sich eher an ein fachlich interessiertes Publikum wenden – stoßen beim breiten Publikum mit gut 50 % immer noch auf eine respektable Akzeptanz. Die Internetangebote der Medien hingegen finden nur noch bei gut 40 % der Bevölkerung Zustimmung, während die Wirtschaftspresse und -magazine vor allem bei Entscheidern den höchsten Zustimmungswert (89,3 %) erhalten, in der breiten Bevölkerung hingegen nur 39,5 % mit deren Berichterstattung zufrieden sind. Allerdings sind lediglich 37,2 % der befragten Bürger mit der Berichterstattung des privaten Fernsehens zufrieden, das offensichtlich eher zu Unterhaltungszwecken genutzt wird und dessen Informationsleistung in der Gesamtbevölkerung sehr zurückhaltend eingeschätzt wird.

Regionale Tageszeitungen hingegen nehmen den Spitzenplatz unter Pressemedien ein, wenn die Bürger offen nach konkreten Titeln gefragt werden, die sie als Quelle für Wirtschaftsinformationen häufig nutzen (vgl. Abb. 13). Hier nennt fast die Hälfte der Bevölkerung mindestens eine regionale Zeitung, die ihnen einen ersten Zugang zu der komplexen Welt der Unternehmen, Märkte und Wirtschaftspolitik verschafft. Die klassische Stärke der regionalen Tageszeitung ist, ihren Lesern die Welt zu erklären und Wirtschaftsthemen in Zusammenhänge einzuordnen. Joachim Türk, Chefredakteur der „Rhein-Zeitung" erläutert sein Konzept: „Nicht erst seit der Krise suchen wir die Verbindung zwischen Bundes- und Weltereignissen und dem Leben in der Heimat. Das werden wir ganz sicher auch fortsetzen, wenn die Wirtschaftskrise vorbei ist – dann wird es darum gehen, welche Unternehmen attraktive Arbeitgeber und Ausbilder sind". Und Ulrich Reitz, Chefredakteur der „Westdeutschen Allgemeinen Zeitung" betont: „Auch schon vor der Krise haben wir uns von der früher üblichen ausufernden Berichterstattung etwa über Quartalszahlen verabschiedet. Die finden in der Regel nur noch im Meldungsbereich statt. Jahresbilanzen von Unternehmen in der Region sind einordnend zu schreiben – mit Blick auf die Arbeitnehmer, die Kunden, etwa wenn es um Strompreise geht, und natürlich die gesamte Gesellschaft."

Michael Garthe, Chefredakteur „Die Rheinpfalz", prognostiziert für die Wirtschaftsberichterstattung eine noch weitergehende Regionalisierung, als sie bisher praktiziert werde. „Grenzen der Globalisierung und der weltumspannenden Konzerne müssen stärker erforscht und dargestellt werden. Im Energiebereich wie in vielen Finanz- und Wirtschaftszweigen wird es neue Regionalisierung geben. Das ist unser Thema. Wirtschaft und Finanzen müssen verständlicher werden, wieder näher an die Menschen gerückt werden."

Diese konsequente Regionalisierung der Wirtschaftsberichterstattung hat sich offensichtlich ausgezahlt und dem Zeitungstyp Regionalzeitung den ersten Platz unter den bewusst und häufig genutzten Pressemedien in der breiten Bevölkerung beschert. Für viele Bürger ist die regionale Tageszeitung nach wie vor ihr Informationsmedium Nummer eins – auch und gerade, wenn es um Wirtschaftsinformationen geht. Dieses Votum der Bürger stellt eine enorme Chance dar, denn Dreh- und Angelpunkt redaktioneller Konzepte sind und bleiben die Leser – deren Sorgen, Interessen und Befindlichkeiten. (Regional-)Zeitungen sind für sie offensichtlich

Abbildung 13: Häufig genutzte Pressemedien für Wirtschaftsinformationen
(Die Bürger wurden – ohne Vorgaben – nach konkreten Titeln gefragt)

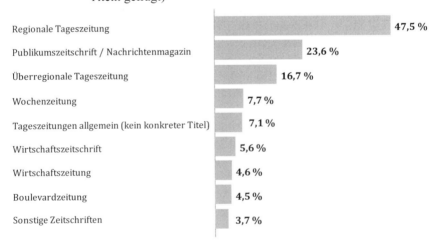

Regionale Tageszeitung	47,5 %
Publikumszeitschrift / Nachrichtenmagazin	23,6 %
Überregionale Tageszeitung	16,7 %
Wochenzeitung	7,7 %
Tageszeitungen allgemein (kein konkreter Titel)	7,1 %
Wirtschaftszeitschrift	5,6 %
Wirtschaftszeitung	4,6 %
Boulevardzeitung	4,5 %
Sonstige Zeitschriften	3,7 %

Quelle: Repräsentative Bevölkerungsumfrage; Gemeinschaftsstudie der Universität Hohenheim und ING-DiBa AG; Frage: „Welche Zeitung, Zeitschrift, Sendung oder Internetseite nutzen Sie am häufigsten, wenn Sie sich zu Wirtschaftsthemen und Unternehmen informieren wollen? Nennen Sie mir bitte die drei für Sie wichtigsten Angebote mit den genauen Titeln " (n = 960, Datenerhebung durch forsa Gesellschaft für Sozialforschung und statistische Analysen mbH [Berlin]).

vorrangige Medien zur Orientierung in wirtschaftlich unsicheren Zeiten und helfen ihnen, die Übersicht im Alltag zu behalten. Diese Leistungen bieten Pressemedien als lineare, gedruckte Ausgaben ohnehin an, indem sie den „entbündelten" und flatterhaften Nachrichtenströmen in den Netzen entgegentreten, auf Bündelung der Themen und Entschleunigung setzen, d. h. für ihre Leser bewusst Relevantes und Nützliches zusammenstellen. Damit ihnen das gelingt, brauchen sie aber arbeitsfähige und motivierte Journalisten. Fachkompetente Wirtschaftsredaktionen sind besonders gefragt, wenn es z. B. um die Bewertung aktueller Vorschläge zur Entschärfung der Eurokrise geht.

Darüber hinaus nennen auch knapp 17 % der befragten Bürger konkrete Titel der überregionalen Zeitungen als häufig genutzte Informationsquellen und knapp jeder Vierte die Publikumszeitschriften und Nachrichtenmagazine. Andere Pressetypen hingegen werden nur von wenigen Befragten in der offen gestellten Frage genannt, wenn es um häufig genutzte Quellen für Wirtschaftsinformationen geht. Sie dienen vorrangig der spezialisierten und vertiefenden Behandlung von Wirtschaftsthemen einzelner Gruppen in der Gesellschaft, aber weniger dem aktuellen Monitoring des Geschehens in breiten Bevölkerungskreisen. Diese Monitoringfunktion wird umso wichtiger, je unsicherer die wirtschaftlichen Entwicklungen werden. (Regional-)Zeitungen können in dieser Hinsicht aktive und verlässliche Begleiter der Leser in Krisenzeiten werden.

Wann Menschen Wirtschaftsnachrichten nutzen

In welchen Situationen greifen die Bürger „immer" oder „häufig" auf Wirtschaftsnachrichten zurück? In erster Linie nutzen sie die Wirtschaftsberichterstattung in den Medien dann, wenn sie wissen wollen, was in Wirtschaft, Politik und Gesellschaft gerade passiert (vgl. Abb. 14). Hiermit sind aber weniger die puren Nachrichten, sondern vielmehr die Analysen und Erklärungen gemeint. 82 % der befragten Bürger greifen dann zu den Wirtschaftsinformationen in den Medien, wenn sie ihnen auch Hintergründe transparent machen und Zusammenhänge erklären. Michael Garthe, Chefredakteur „Die Rheinpfalz", bekräftigt: „Erklärung und Nutzwert sind wichtiger denn je im Wirtschaftsjournalismus. Weil durch die Krise das Vertrauen in die Finanzexperten, vor allem die Banken, aber auch jener in der Politik und der Wissenschaft gelitten hat, ist die Fachkompetenz von Wirtschaftsredaktionen umso mehr gefragt. Sie müssen Wesentliches und Wegweisendes aus dem Wust an Informationen herausfiltern und die Modelle darstellen, vergleichen und hinterfragen, die z. B. Griechenland aus der Staatsverschuldung und Euro-Krise führen können."

Schließlich greifen knapp 70 % der befragten Bürger dann zur Wirtschaftsberichterstattung, wenn sie wissen wollen, wohin die Reise in Wirtschaft, Politik und Gesellschaft geht, also keineswegs nur, wenn sie Anlagetipps suchen oder Empfehlungen für Hypothekenkredite benötigen. Dieser eng verstandene Nutzwert ist in den letzten Jahren – spätestens jedoch seit dem Ausbruch der Wirtschaftskrise im Herbst 2008 – ohnehin etwas unter die Räder gekommen, zumal wenn Leser an der Unabhängigkeit und fachlichen Verlässlichkeit von journalistischen Ratschlägen zu zweifeln beginnen. Joachim Dorfs, Chefredakteur der „Stuttgarter Zeitung", betont, für ihn sei der „intellektuelle Nutzwert" mindestens ebenso wichtig wie der klassische Nutzwert: „Anhand der Frage etwa, ob ein Schuldenerlass in Griechenland die Eurozone bedroht, lassen sich Zusammenhänge darstellen. Davon hat der Leser etwas. Warnen würde ich aber vor Ratgebern á la, jetzt griechische Schuldtitel kaufen

Abbildung 14: Die Menschen nutzen Wirtschaftsberichte vor allem, wenn ...

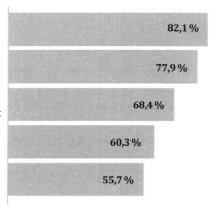

... sie wissen wollen, was in Wirtschaft, Politik und Gesellschaft gerade passiert — 82,1 %

... sie zu einem Thema persönlich mehr wissen und dazulernen wollen — 77,9 %

... sie wissen wollen, wohin die Reise in Wirtschaft, Politik, Gesellschaft künftig geht — 68,4 %

... sie sich Gedanken über ihre Zukunft oder die Zukunft ihrer Familie machen — 60,3 %

... sie in ihrem Kollegen- und Bekanntenkreis mitreden möchten — 55,7 %

Quelle: Repräsentative Bevölkerungsumfrage; Gemeinschaftsstudie der Universität Hohenheim und ING-DiBa AG; Frage: „Berichte und Sendungen zu Wirtschaftsthemen und Unternehmen in den Medien kann man ja in ganz verschiedenen Situationen nutzen. Bitte sagen Sie mir bei jeder der folgenden Situationen, ob Sie da immer, häufig, selten oder nie auf Wirtschaftsnachrichten in den Medien zurückgreifen." (n = 960, Datenerhebung durch forsa Gesellschaft für Sozialforschung und statistische Analysen mbH [Berlin]); Prozentwerte: Anteil der befragten Bürger, die „immer" und „häufig" auf Wirtschaftsnachrichten zugreifen.

oder verkaufen'". Diese Einschätzung steht beispielhaft für einen Trend, der sich in der Wirtschaftsberichterstattung generell abzeichnet: Ein breiter verstandener Nutzwert bedeutet heute vor allem Erklären, Analysieren und Fragen der Leser beantworten, nachdem viele Journalisten lange Zeit allzu einseitig auf Aktientipps, Anlagen- und Kaufempfehlungen sowie Handlungsanleitungen aller Art setzten. Die Eurokrise zeigt: Aktuell interessieren sich die Leser nicht vorrangig für ihr eigenes Geld im Sinne ihrer persönlichen Einnahmen und Ausgaben. Vielmehr rückt das gemeinsame Geld als Währung in den Blick – und damit grundsätzliche Fragen des Finanz- und Wirtschaftssystems sowie des gesellschaftlichen Wohlstands.

Joachim Türk, Chefredakteur der „Rhein-Zeitung" bringt diesen Trend auf den Punkt: „Nutzwert bedeutet Navigation: Die Krise hat wie unter der Lupe gezeigt, wie komplex und kompliziert die Vorgänge und Zwänge in der globalen Wirtschaft sind. Wer Nutzwert liefern will, muss in erster Linie erklären – in einer gut verständlichen Sprache. Und zeigen, wie sich die Weltereignisse auf die Region, ihre Menschen und Unternehmen auswirkt. Welche Branche leidet, welche gedeiht? Wo entstehen Arbeitsplätze? Welche Fähigkeiten sind gefragt?" Dies sind Beispiele für die perspektivischen Leistungen im Wirtschaftsjournalismus, die die befragten Bürger mit großer Mehrheit wünschen. Schließlich nutzen ja auch 77,9 % die Medien, wenn sie zu einem Thema persönlich mehr wissen und dazulernen wollen, und 55,7 %, weil sie in ihrem Kollegen- und Bekanntenkreis mitreden möchten. Wirtschaftsthemen sind zuvörderst heute auch Themen der Alltagskommunikation geworden. Mittlerweile laufen sie dabei den Politikthemen häufig den Rang ab. Fast zwei von drei Menschen greifen zur Medienberichterstattung über Wirtschaftsthemen, weil sie sich Gedanken über ihre Zukunft und die ihrer Familie machen, also aus ureigensten, existenziellen Bedürfnissen und Sorgen.

Nachholbedarf an gesellschaftsorientierter Berichterstattung

Befragt man nun speziell die Leser der regionalen Tageszeitungen, als Ausschnitt aus der repräsentativen Bevölkerungsstichprobe (Sonderauswertung), über welche der in den Medien angebotenen Themen sie künftig mehr Informationen erhalten wollen, verlangen sie mehrheitlich eine gesellschaftsorientierte Berichterstattung (vgl. Abb. 15). Nicht für die klassische Unternehmensberichterstattung – schon gar nicht gespickt mit nüchternen Zahlen und Statistiken – interessieren sie sich, sondern für die gesellschaftspolitischen Auswirkungen und Bezüge der Unternehmen. Gut zwei Drittel möchten mehr erfahren über die Konsequenzen der Unternehmenstätigkeiten für die Umwelt und knapp 60 % über die wechselseitigen Beziehungen und Einflüsse von Politik und Wirtschaft. Jeder zweite Bürger möchte mehr erfahren, wie es mit der Entwicklung der deutschen Wirtschaft und vor allem mit den Arbeitsplätzen weitergeht sowie über das soziale Engagement der Unternehmen.

Die Leser der regionalen Tageszeitungen wollen also einen Wirtschaftsjournalismus, der sich aus der wirtschaftlichen Binnenorientierung auf die Unternehmen und der Perspektive der Betriebswirtschaftslehre löst und sich stärker volkswirtschaftlichen und gesellschaftspolitischen Themen zuwendet. Das sind die Themen, die die Bürger in der aktuellen Situation besonders bewegen und zu denen sie professionelle, verlässliche und verantwortungsbewusste Dienstleistungen von „ihren" Zeitungen erwarten.

Abbildung 15: Mehr wissen wollen die Leser regionaler Tageszeitungen über ...

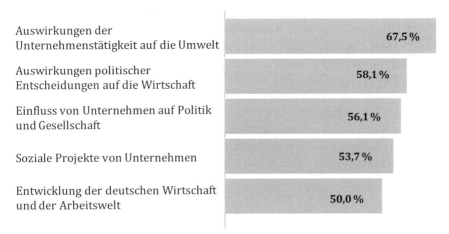

Auswirkungen der Unternehmenstätigkeit auf die Umwelt — 67,5 %

Auswirkungen politischer Entscheidungen auf die Wirtschaft — 58,1 %

Einfluss von Unternehmen auf Politik und Gesellschaft — 56,1 %

Soziale Projekte von Unternehmen — 53,7 %

Entwicklung der deutschen Wirtschaft und der Arbeitswelt — 50,0 %

Quelle: Repräsentative Bevölkerungsumfrage; Gemeinschaftsstudie der Universität Hohenheim und ING-DiBa AG; Frage: „Berichte und Sendungen zu Wirtschaftsthemen und Unternehmen in den Medien kann man ja in ganz verschiedenen Situationen nutzen. Bitte sagen Sie mir bei jeder der folgenden Situationen, ob Sie da immer, häufig, selten oder nie auf Wirtschaftsnachrichten in den Medien zurückgreifen." (n = 960, Datenerhebung durch forsa Gesellschaft für Sozialforschung und statistische Analysen mbH [Berlin]); Prozentwerte: Anteil der befragten Bürger, die „immer" und „häufig" auf Wirtschaftsnachrichten zugreifen.

Für viele Zeitungen bedeuten diese Erwartungen, dass sich die Wirtschaftsberichterstattung verändert. Michael Garthe („Die Rheinpfalz") sagt: „Der soziale Aspekt der Marktwirtschaft wird auch in unserer Wirtschaftsberichterstattung wieder stärker betrachtet. Dass ‚Eigentum verpflichtet', war im Selbstverständnis der heutigen Manager-Wirtschaft zu sehr aus dem Blick geraten und in der Berichterstattung vernachlässigt worden." Und Joachim Dorfs („Stuttgarter Zeitung") betont, dass für seine Zeitung vor und nach der Krise Unternehmen wichtige Gegenstände der Berichterstattung sind. „Das liegt daran, dass im Verbreitungsgebiet viele Unternehmen mit Weltrang beheimatet sind, deren Entwicklung für die gesamte Region von großer Bedeutung ist. Allerdings hatte die Stuttgarter Zeitung bereits vor der Krise einen Fokus, der deutlich über die reine Unternehmensberichterstattung hinausging. Immer wieder berichten wir über Themen von wirtschaftlicher Relevanz, die nichts mit Unternehmen zu tun haben – sei es die Energiewende oder die Arbeitnehmerfreizügigkeit."

Welche Wirtschaftsberichterstattung die Leser gerne hätten

Fragt man die Leser regionaler Tageszeitungen, auf welche Weise ihrer Ansicht nach die Wirtschaftsinformationen aufbereitet werden sollen, erhält man bei einigen Punkten klare Antworten. Zum Teil sind die Präferenzen aber auch unterschiedlich. Ein klares Votum geben die befragten Leser von Tageszeitungen (im Übrigen übereinstimmend mit der Haltung der Gesamtbevölkerung) ab, wenn es um die Grundausrichtung der Wirtschaftsberichterstattung geht. Hier favorisieren sie eindeutig die Leitwerte „Unabhängigkeit / Neutralität der Berichterstattung", „weit verstandene Nutzwertorientierung im Sinne von Erklärung und Navigation", „Konzentration auf Sachthemen und Institutionen" sowie eine klare gesellschaftspolitische Ausrichtung künftiger Wirtschaftsberichterstattung (vgl. Abb. 16). Den Hintergrund dieser Erwartungen bilden die Bedürfnisse der Menschen nach Verlässlichkeit der redaktionellen Leistungen, nach Orientierung durch Substanz und nach einem gesellschaftspolitisch verantwortlichen Wirtschaftjournalismus, der in „Tuchfühlung" zum Leser aktiv agiert. Klar ist: Journalisten, die zu nah an der Denkwelt der Unternehmenslenker, Politiker und Anzeigenkunden schreiben, verlieren in unsicheren Zeiten die Zuwendung ihrer Leser.

Wirtschafts- und Währungsfragen sind für die Zeitungen zu einem zentralen Berichterstattungsfeld geworden, das die Leser immer mehr betrifft und in dem sie punkten oder verlieren können: Unsicherheit an den Arbeitsplätzen, Sorge um die berufliche Entwicklung und die eigenen Ersparnisse, Chancen auf dem Arbeitsmarkt, tägliche Entscheidungen beim Einkauf, am Bankschalter u. a. – die Leser merken, wer sie ernst nimmt und ihnen unabhängig hilft oder sie alleine lässt. Daher votieren sie auch eindeutig für „Neutralität" in der Wirtschaftsberichterstattung. Schließlich wollen sie ja redaktionelle Texte lesen und keine Werbung. Nur wenn es den Zeitungen gelingt, ihre Leserschaft davon zu überzeugen, dass die angebotenen, publizistischen Leistungen kein unmittelbares, ökonomisches und singuläres Verwertungsinteresse verfolgen, wird diese auch bereit sein, künftig für Journalismus zu bezahlen. Bislang haben die Zeitungen noch eher ein Problem mit den Anzeigenkunden und weniger mit den Lesern. Aber die Falle – insbesondere in der Wirtschaftsberichterstattung – ist bereits aufgestellt, wenn Redaktionen interessengeleitete Themen oder PR-Material „durchwinken" oder angesichts ausgedünnten Personals nicht mehr kritisch überprüfen können.

Abbildung 16: Wirtschaftsberichte sollen nach Ansicht der Leser regionaler Tageszeitungen ...

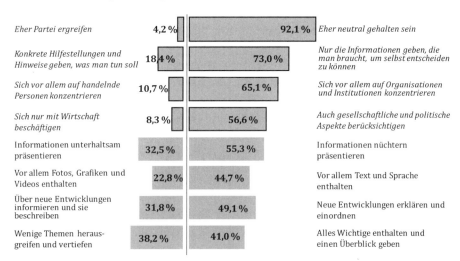

Quelle: Repräsentative Bevölkerungsumfrage, Sonderauswertung; Gemeinschaftsstudie der Universität Hohenheim und ING-DiBa AG; Frage: „Unabhängig von konkreten Themen oder Medien: Wie sollten denn Berichte und Sendungen zu Wirtschaftsthemen und Unternehmen Ihrer Meinung nach idealerweise aufbereitet sein?" (n = 456, Datenerhebung durch forsa Gesellschaft für Sozialforschung und statistische Analysen mbH [Berlin]).

Gleiches gilt für Nutzwertinformationen, wenn „Nutzwert" sehr eng verstanden wird. Die Skepsis in der Leserschaft gegenüber konkreten Handlungstipps ist größer geworden – zumal wenn die empfehlenden Journalisten auch nicht die Verantwortung für die Konsequenzen übernehmen können. Sicher sind die Bürger froh, wenn sie angesichts der undurchschaubaren Entwicklungen Hilfestellung und Hinweise erhalten, was sie tun sollen. Aber etwa Dreiviertel der Befragten plädieren für einen breiter verstandenen Nutzwert, der die Leser in die Lage versetzt, selbständig fundierte Entscheidungen zu treffen. Ein eng verstandener Nutzwert als konkrete Handlungsempfehlung nach dem Motto „So werden Sie reich", spricht die meisten Bürger nicht mehr an. Das entspricht auch nicht der klassischen Stärke des Journalismus – und schon gar nicht derjenigen der Tageszeitungen. Viele Redaktionen sind sich ihrer Verantwortung und Herausforderung bewusst, denn Nutzwert für den Leser anzubieten, erfordert kritische Überprüfungen, vergleichende Analysen oder tiefes Recherchieren mit größtmöglicher Objektivität.

Auch das Votum der befragten Leser regionaler Tageszeitungen, die Medien sollen sich vor allem auf Organisationen und Institutionen konzentrieren, stellt die in Redaktionen weit verbreitete Praxis der Personalisierung auf den Prüfstand. Wenn streitende, kämpfende oder sich inszenierende Personen nur noch als Deutungsmuster für Sachverhalte dienen, rücken die Themen, die die Menschen bewegen, in den Hintergrund. Wenn dann Interviews nur wenig Substanz enthalten und die Bürger das Gefühl bekommen, „wer" etwas gesagt hat und „dass" er sich zu Wort gemeldet hat, ist wichtiger als „was" er substanziell Neues mitteilt, wird eine personalisierte Berichterstattung fragwürdig. Die befragten Bürger mahnen die Wirtschaftsjournalisten jedenfalls, wieder stärker zu Sachverhalten zurückzukehren. Die Mahnung gilt aber auch den Kommunikationschefs der Unternehmen, im Autorisierungsprozess von Interviews nicht noch die letzte Farbe und Substanz zugunsten von austauschbaren Worthülsen heraus zu kürzen.

„Personalisierung ist künftig nur noch eine Unterabteilung des erklärenden, aufklärenden und hinterfragenden Wirtschaftsjournalismus. In der Vergangenheit wurde Personalisierung übertrieben", sagt Michael Garthe, Chefredakteur „Die Rheinpfalz". „Wichtig ist, dass die Personalisierung aus der Sache heraus begründet ist und nicht überstrapaziert wird", gibt Joachim Dorfs, Chefredakteur „Stuttgarter Zeitung" zu bedenken. Allerdings – bei vielen Unternehmensvertretern geht die Bereitschaft zu markanten Aussagen zurück. Ulrich Reitz („Westdeutsche Allgemeine Zeitung") gibt zu bedenken: „Die Personalisierung trägt dann, wenn die zu beschreibende Person und die Tätigkeiten im Unternehmen spannend sind. Für uns ist die Personalisierung zumeist ein Weg, um unseren Lesern Unternehmertum im Mittelstand nahe zu bringen. PR-Sprechblasen, ob vom Chef oder sonst wem, drucken wir ohnehin nicht ab."

Mehr als die Hälfte der Leser regionaler Tageszeitungen (56,6 %) erwartet darüber hinaus, dass Wirtschaftsjournalisten Bezüge zwischen Gesellschaft und Unternehmen herstellen und die Wirtschaft nicht als Biotop behandeln. Das gilt selbst für die stärker fachbezogene Berichterstattung in Wirtschaftszeitungen. Daniel Schäfer, Private Equity Correspondent der „Financial Times" beobachtet: „Die Berichterstattung hat sich seit der Krise dahingehend verändert, dass die Auswirkungen einer Unternehmensstrategie auf die Gesamtwirtschaft und die Gesellschaft stärker hinterfragt werden. Das gilt vor allem für den Finanzsektor."

Monitoring und Navigation als Aufgaben

Die befragten Bürger und Leser regionaler Tageszeitungen haben also klare Vorstellungen über die Grundausrichtung des Wirtschaftsjournalismus und seine Positionierung. Schließlich wollen sie ja nicht nur als „Konsumenten" angesprochen werden, sondern auch als Staatsbürger. Die Chance der Zeitungen liegt darin, zu artikulieren, was die Leser wirklich bewegt, sie ganzheitlich anzusprechen und einzubinden, ohne aber selbst „Partei" zu werden. Die Veränderungen auf den nationalen und internationalen Märkten sowie im Geflecht der politischen Entscheidungsstrukturen haben die emotionale Befindlichkeit der Leser enorm verändert. Sie suchen nach einer verlässlichen, kritischen Instanz in der Gesellschaft, die in ihrem Sinne und „für sie" nachfragt und recherchiert, aufgestellte Behauptungen nicht ungeprüft verbreitet und Relevantes aus dem Strom der irrelevanten Informationen herausfiltert.

Wirtschaftsberichterstattung ist auf dem Weg, sich von der klassischen Vermittlungsaufgabe im Sinne eines Chronisten – die Nachrichten weitgehend passiv weiter zu geben – hin zur Monitoringaufgabe oder gar „Navigation" zu entwickeln, die Geschehnisse interpretiert und im Interesse der Leser eigene Themen setzt. Das Leitbild für die Redaktionen können der wache Bürger und die aufgeklärten Verbraucher sein. Beide brauchen fundierte Analysen und nicht nur einen Nutzwert für den Geldbeutel, sondern auch einen „Nutzwert für den Kopf", wie es der Chefredakteur des Südwestrundfunks (SWR), Michael Zeiß, formuliert.

Über das „Wie" der redaktionellen Aufbereitung gibt es allerdings bei den befragten Bürgern durchaus unterschiedliche Vorstellungen und Vorlieben. Immerhin plädieren weit über die Hälfte für nüchterne und weniger unterhaltsame Präsentationsformen und knapp die Hälfte (44,7 %) für eine Fokussierung auf Text und Sprache als Übermittlungsform; ein Teil der Bürger (22,8 %) darunter vor allem Jüngere, sind für die Wege der Visualisierung wie Fotos, Grafiken und Videos aufgeschlossen. Mit Blick auf die Informationstiefe plädieren die Leser der regionalen Zeitungen jedoch für ein „sowohl-als-auch". Sie wollen einen Überblick erhalten über alles Wichtige, was sich ereignet hat und vertiefende Analysen bei wirklich wichtigen Themen, eine eher deskriptive Beschreibung neuer Entwicklungen sowie eine analytische Betrachtung, die Neues erklärt und einordnet.

Die Erwartungen, wie sie die Bürger in der repräsentativen Studie der Universität Hohenheim in Zusammenarbeit mit der ING-DiBa AG artikuliert haben, weisen darauf hin, dass es künftig für Redaktionen weit wichtiger wird, ganz nah an den Themen zu agieren, die ihre Leser wirklich bewegen. Dazu müssen sie ihnen gebündelte, gefilterte und verlässliche Informationspakete anbieten – das ist viel wichtiger als sich auf die Jagd nach vermeintlichen Scoops oder gar „Pseudo-Exklusivitäten" zu machen, die allenfalls kurzfristig Aufmerksamkeit bringen. Möglicherweise ist nicht die sog. Exklusivität des Inhalts, sondern die Beziehung zur Leserschaft der Schlüssel zum künftigen Erfolg.

Die vorliegenden Ergebnisse der Umfrage weisen jedenfalls auf einen Wirtschaftsjournalismus hin, der neutral, fachkundig und präzise analysiert und einen Überblick gibt, bevor er zuspitzt, dramatisiert und personalisiert – zumal Zeitungen im Gegensatz zu den Magazinen täglich erscheinen.

II.   Nicht noch einmal versagen – Journalismus in Deutschland orientiert sich neu

Die Finanzkrise im Herbst 2008 hat den Wirtschaftsjournalismus kalt erwischt. Scheinbar wie aus dem Nichts brach die globale Krise aus und erschütterte die Finanzmärkte wie auch das Vertrauen des Medienpublikums. Denn vor Ausbruch der Krise wurden Anleger in nur wenigen

Geschichten gewarnt, z. B. in Zertifikaten ihr Geld für die Altersvorsorge anzulegen. Auch wenn niemand heute fordert, die Wirtschaftsjournalisten hätten besser sein sollen als die Wirtschaftswissenschaftler, kam doch der weitverbreitete Nutzwertjournalismus nach dem Motto „So steigern Sie Ihre Rendite" etwas unter die Räder. Imageeinbußen und Glaubwürdigkeitsprobleme – kann der Wirtschaftsjournalismus angesichts der zunehmenden Volatilität der Finanzsysteme einfach so weitermachen wie bisher? Was sagen die Bürger, die zutiefst verunsichert sind und um ihr hart erarbeitetes Geld bangen? Werden sie vielleicht künftig zum „Wut-Publikum", das sich von den Medien abkehrt und anderen Informationsquellen, z. B. im Netz oder im privaten Kreis zuwendet?

In einer Gemeinschaftsstudie des Fachgebiets Kommunikationswissenschaft und Journalistik der Universität Hohenheim und der ING DiBa AG wurden die Bürger sowie die Entscheider aus Realwirtschaft und der Finanzbranche befragt, was sie von der Wirtschaftsberichterstattung erwarten und wie sie klassische Vorgehensweisen bei der redaktionellen Umsetzung von Themen bewerten. Die Studie verfolgt bewusst einen publikumsorientierten Ansatz. Sie soll Hinweise erarbeiten, ob sich der Wirtschaftsjournalismus neu orientieren und positionieren muss, damit er in den Augen des Medienpublikums nicht noch einmal versagt.

Die Ausgangslage ist ernüchternd. Die Menschen sind mit den Medien keineswegs zufrieden. Im Gegenteil: 41,8 % der befragten Bürger und 38,5 % der Führungskräfte in den Unternehmen sind unzufrieden mit den Leistungen der Journalisten. Hauptvorwurf: Sie beschäftigen sich zu sehr mit eher unwichtigen Themen und Nebensächlichkeiten. Kommt nach der Politik- nun die Medienverdrossenheit?

Schon seit Längerem wächst die Kluft zwischen der Bevölkerung und den Politikern. Ereignisse in jüngerer Zeit wie die Finanzkrise lassen auch das Misstrauen in Manager und Wirtschaft ansteigen. Allen voran hat die Finanzbranche ihren Kredit bei den Bürgern verspielt. In einer solchen Situation kommt es entscheidend auf die Medien an. Sie müssen ihrer gesellschaftlichen Aufgabe nachkommen, Positionen vermitteln, Bürger und Entscheidungsträger verantwortlich informieren. Kommt der Journalismus dieser Aufgabe noch ausreichend nach? Oder entsteht auch zwischen der Bevölkerung und den Medien eine Kluft? Die Gefahr besteht, wenn das Medienpublikum seine Anliegen von den Journalisten nicht mehr repräsentiert und seine Fragen in der Berichterstattung nicht mehr beantwortet sieht.

Wie bewerten die Bürger die Arbeit der Journalisten? Sie haben jedenfalls klare Vorstellungen, welche Themen stärker in der Wirtschaftsberichterstattung aufgegriffen werden sollen (vgl. Abb. 17). Mehr wissen wollen sie in erster Linie über die gesellschaftspolitischen Auswirkungen und Bezüge der Unternehmen. Gut zwei Drittel möchten mehr erfahren über die Konsequenzen für die Umwelt, etwa 60 % über die Beziehungen zwischen Wirtschaft und Politik und die Hälfte der Bevölkerung über die Entwicklung der Arbeitswelt. Die Bürger sind sensibilisiert und fühlen, dass sie bei den aktuellen Entwicklungen die Zeche zahlen. Jedenfalls sagen z. B. 51,2 % der befragten Entscheider und sogar 74 % der Bürger, dass die Politik die Interessen des Finanzsektors mehr berücksichtigt als die der Steuerzahler. Und das sind schließlich in erster Linie ihre Interessen.

Die Bürger wollen also einen Wirtschaftsjournalismus, der sich von seiner Binnenorientierung auf die Unternehmen und die Perspektive der Betriebswirtschaftslehre löst und sich stärker volkswirtschaftlichen und

**Abbildung 17: Wirtschaftsberichterstattung: Mehr wissen wollen
die Menschen über ...**

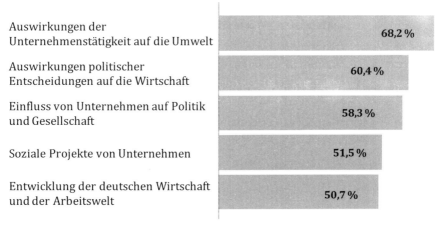

Quelle: Eigene Darstellung; Bevölkerungsumfrage; Gemeinschaftsstudie der Universität Hohenheim und ING-DiBa AG; Frage: „Nun nenne ich Ihnen noch einige Themen, die im Allgemeinen in der Wirtschaftsberichterstattung von Medien angesprochen werden. Bitte sagen Sie mir bei jedem Thema, ob Sie dazu mehr, gleichbleibend viel oder weniger Informationen bekommen möchten." (n = 960, Datenerhebung durch forsa Gesellschaft für Sozialforschung und statistische Analysen mbH [Berlin]).

gesellschaftspolitischen Themen zuwendet. Dort liegen die Sorgen der Bürger – deswegen will ein großer Teil weniger oder überhaupt nichts mehr über Unternehmensentwicklungen und -politik (20,8 %) sowie die Entwicklung der Finanzmärkte (24,3 %) wissen (vgl. Abb. 18). Gleiches gilt für die Personen, die in den Unternehmen agieren (38,7 %). Die exorbitanten Managergehälter sind zwar Aufregerthemen, aber viele Bürger sind inzwischen offensichtlich abgestumpft. Sie erkennen, ob eine eitle Zelebrierung von Persönlichkeiten oder handfeste, verlässliche und für sie nützliche Aussagen von Unternehmensvertretern präsentiert werden.

Wenn der Wirtschaftsjournalismus angesichts dieser Haltung in der Bevölkerung nur reagiert und abwartet, läuft er Gefahr, dass sich auch ihm gegenüber eine Medienverdrossenheit in der Gesellschaft aufbaut und das Medienpublikum seine eigenen Wege geht. Denkanstösse aus den Umfragen sind z. B. die redaktionelle Ausrichtung des Nutzwertjournalismus, dessen Tipps und Handlungsempfehlungen von vielen nicht mehr gewünscht werden. Diese Art Empfehlungsjournalismus ist über weite Strecken unglaubwürdig geworden. Die Bürger und Entscheider wollen mehrheitlich einen anders und vor allem breiter verstandenen Nutzwert-

Abbildung 18: Wirtschaftsberichterstattung: Weniger oder überhaupt nichts wissen wollen die Menschen über ...

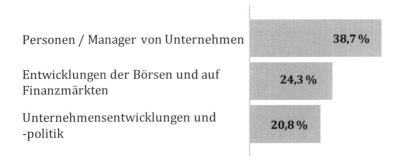

Quelle: Eigene Darstellung; Bevölkerungsumfrage; Gemeinschaftsstudie der Universität Hohenheim und ING-DiBa AG; Frage: „Nun nenne ich Ihnen noch einige Themen, die im Allgemeinen in der Wirtschaftsberichterstattung von Medien angesprochen werden. Bitte sagen Sie mir bei jedem Thema, ob Sie dazu mehr, gleichbleibend viel oder weniger Informationen bekommen möchten." (n = 960, Datenerhebung durch forsa Gesellschaft für Sozialforschung und statistische Analysen mbH [Berlin]).

journalismus – nämlich klare, verlässliche Analysen, die ihnen helfen, den Überblick im Alltag zu behalten (vgl. Abb. 19).

„Der beste Nutzwert sind gute Informationen. Wer Sachverhalte und Hintergründe richtig versteht, trifft bessere Entscheidungen", sagt Armin Mahler, Ressortleiter Wirtschaft „Der Spiegel". „Wer Nutzwert liefern will, muss in erster Linie erklären – in einer gut verständlichen Sprache – und zeigen, wie sich die Weltereignisse auf die Region, ihre Menschen und Unternehmen auswirkt", betont Joachim Türk, Chefredakteur der „Rhein-Zeitung". Und Arno Balzer, Chefredakteur des „manager magazin" sagt: „Nutzwert hat im Wirtschaftsjournalismus nur eine Chance, wenn er umfangreiche vergleichende und tiefe Analysen vornimmt, und dabei ein hohes Ausmaß an Objektivität wahrt."

Und Franz W. Rother, stellvertretender Chefredakteur der „Wirtschaftswoche" betont: „Die Skepsis in der Öffentlichkeit gegenüber konkreten Handlungsempfehlungen ist größer geworden – weil die Halbwertszeit der Aussagen kürzer geworden ist und wir im Nutzwertjournalismus einige böse Auswüchse erleben mussten." Viele Wirtschaftsjournalisten sind sich daher ihrer Verantwortung bewusst.

Abbildung 19: Was Bevölkerung und Entscheider von der
Wirtschaftsberichterstattung erwarten

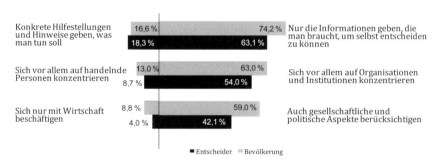

Quelle: Repräsentative Bevölkerungsbefragung / Entscheiderumfrage; Gemeinschaftsstudie der Universität Hohenheim und ING-DiBa AG; Frage: „Unabhängig von konkreten Themen oder Medien: Wie sollten denn Berichte und Sendungen zu Wirtschaftsthemen und Unternehmen Ihrer Meinung nach idealerweise aufbereitet sein?" (n Bevölkerung = 960, n Entscheider = 252, Datenerhebung durch forsa Gesellschaft für Sozialforschung und statistische Analysen mbH [Berlin]).

Weit mehr als die Hälfte der Bevölkerung (59 %) erwartet darüber hinaus, dass die Wirtschaftsjournalisten Bezüge zwischen Gesellschaft und Unternehmen herstellen und die Wirtschaft nicht als Biotop behandeln. Diesen Wunsch berücksichtigen einige Medien bereits. „Der soziale Aspekt der Marktwirtschaft wird in unserer Wirtschaftsberichterstattung wieder stärker betrachtet. Dass 'Eigentum verpflichtet', war im Selbstverständnis der heutigen Manager-Wirtschaft zu sehr aus dem Blick geraten und in der Berichterstattung vernachlässigt worden", sagt Michael Garthe („Die Rheinpfalz"). Und Ulrich Reitz, Chefredakteur „Westdeutsche Allgemeine Zeitung", berichtet von der früher üblichen ausufernden Berichterstattung über Quartalszahlen, von der sich seine Zeitung schon vor der Krise verabschiedet habe. Er fordert: „Jahresbilanzen von Unternehmen in der Region sind einordnend zu schreiben mit Blick auf Arbeitnehmer, Kunden – etwa wenn es um Strompreise geht – und die gesamte Gesellschaft."

Viele Redaktionen haben – zum Teil bereits vor der Krise – ihre Schwerpunkte in der Wirtschaftsberichterstattung verändert. Über die reine Unternehmensberichterstattung hinaus wurden zunehmend Themen mit wirtschaftlicher Relevanz behandelt. Aktuell mahnen die befragten Bürger und Entscheider nachdrücklich einen gesellschaftspolitisch verantwortlichen Wirtschaftsjournalismus an, der die Zusammenhänge zwischen der Wirtschaft, vor allem den Finanzsystemen, und der Gesellschaft thematisiert, der verstärkt volkswirtschaftliche Fragen aufwirft und sich aus der betriebswirtschaftliche Fixierung auf Unternehmen löst. Journalisten, die zu nah an der Denkwelt der Unternehmenslenker schreiben, verlieren die Zuwendung des Medienpublikums. Die Sicht des Unternehmers ist eine Perspektive. Wirtschaftsjournalisten sollten aber andere Perspektiven wie die des Steuerzahlers und Bürgers in Deutschland nicht aus den Augen verlieren – gerade wegen der Globalisierung des Wirtschaftslebens. All business is local. Wirtschaftsjournalismus auch.

Nutzwert für den Kopf und den Geldbeutel

„Gerade wegen der Finanz-, Wirtschafts- und Währungskrise wird kritischer und unabhängiger Wirtschaftsjournalismus immer bedeutender. Er muss erklären, Hintergründe ausleuchten, dem Publikum verdeutlichen, wie es zu den Krisen gekommen ist und welche Wege es gibt, solche wirtschaftlichen Katastrophen in Zukunft zu verhindern. Sozusagen

> ,Nutzwert für den Kopf'. Wirtschaftsjournalismus wird aber auch immer wichtiger im Sinne von Verbraucheraufklärung – wie sich der Zuschauer zu Recht finden kann im Dschungel von Finanzangeboten, werbeorientierter Konsumwelt und Arbeitsalltag. Sozusagen ,Nutzwert für den Geldbeutel'".
>
> *Michael Zeiß, Chefredakteur Fernsehen des Südwestrundfunk (SWR), Stuttgart*

III. Neupositionierung im Wirtschaftsjournalismus: Wird er seiner historischen Aufgabe gerecht?

Schuldenkrise, Rettungspakete, Milliardenbürgschaften – die tägliche Wirtschaftsberichterstattung geht vielen Staatsbürgern und Steuerzahlern in Deutschland unter die Haut. Sie spüren, dass die Nachrichten über die komplexen politischen und wirtschaftlichen Entwicklungen rund um den Euro und die Verschuldung einzelner EU-Länder Auswirkungen für ihre Zukunft und die ihrer Kinder haben werden. Schließlich werden unvorstellbar große Summen von Deutschland in die Rettung des europäischen Systems gesteckt – wohingegen diese Gelder fehlen werden, wenn es um Infrastrukturmaßnahmen in den Kommunen, Bildungsinvestitionen oder die Finanzierung der Sozial- und Gesundheitssysteme geht. Die Bundeskanzlerin spricht nach dem EU-Gipfel der Regierungschefs im Juli von einer „historischen Aufgabe", während viele Wirtschaftsexperten bezweifeln, ob die von der Politik getroffenen Entscheidungen das Verschuldungsproblem überhaupt an der Wurzel packen können. Steht auch der Wirtschaftsjournalismus vor einer historischen Aufklärungsaufgabe?

Noch nie gab es in der Bundesrepublik Deutschland eine Situation, in der die Bürger derart beunruhigt, verunsichert, zum Teil verzweifelt oder gar fatalistisch die tägliche Wirtschaftsberichterstattung beobachten und sich Sorgen um die Stabilität der Währung sowie die Sicherheit der Sozialsysteme machen. Die Gemeinschaftsstudie der Universität Hohenheim (Stuttgart) und der ING-DiBa AG (Frankfurt) untersucht den Wirtschaftsjournalismus aus der Perspektive des Publikums.

Die PR-Rhetorik entzaubern

Aus den Ergebnissen der repräsentativen Umfragen im Frühjahr 2011 wird eines klar: Das Interesse der Bevölkerung an Wirtschaftsthemen ist so groß wie nie. Rund 85 % interessieren sich (sehr) stark für Wirtschaftsthemen und hegen große Erwartungen an einen aktiv operierenden Journalismus. Er soll ihnen die großen Zusammenhänge aufzeigen und auch den Schleier wegziehen, der sich wie Mehltau über die verwirrende PR-Rhetorik der Politiker gelegt hat. Retten die sog. „Rettungspakete" wirklich? Ist ein EU-Gipfel wirklich ein „Befreiungsschlag"?

Von den Politikern erwarten die befragten Bürger nicht mehr sehr viel. Etwa 54 % glauben nicht, dass die Politiker die Krise auf den Finanzmärkten in den Griff bekommen wird. 64 % sprechen der Politik auch die fachliche Kompetenz ab, die Strategien der Finanzunternehmen zu durchschauen. Da ihnen die Politiker die Fragen, die sie bewegen, offensichtlich nicht überzeugend beantworten, richten sich ihre Erwartungen nun umso mehr an die Wirtschaftsjournalisten. Nach dem Zusammenbruch der New Economy und dem Ausbruch der globalen Finanzkrise im Herbst 2008 stehen die Journalisten nun vor der „historischen Aufgabe", die berechtigten Fragen und Zweifel der Bevölkerung aufzugreifen sowie durch unbeirrtes Recherchieren und hartnäckiges Nachfragen für sie zu beantworten.

Abbildung 20: Offen gefragt: Die Top 10-Leitmedien für Wirtschaftsthemen

Bevölkerung

Spiegel	15,5 %
Tagesschau	10,6 %
Focus	9,4 %
Spiegel Online	8,9 %
Frankfurter Allgemeine Zeitung	7,5 %
Süddeutsche Zeitung	6,0 %
ARD	5,6 %
Die Zeit	5,5 %
Stern	5,1 %
BILD	4,2 %

Entscheider

Handelsblatt	29,4 %
Frankfurter Allgemeine Zeitung	21,0 %
Spiegel Online	15,9 %
Financial Times/Financial Times Deutschland	15,5 %
Wirtschaftswoche	13,9 %
Süddeutsche Zeitung	11,1 %
Spiegel	10,7 %
Tagesschau	7,9 %
Focus	7,1 %
Tagesthemen	4,0 %

Quelle: Repräsentative Bevölkerungsbefragung / Entscheiderumfrage; Gemeinschaftsstudie der Universität Hohenheim und ING-DiBa AG; Frage: „Welche Zeitung, Zeitschrift, Sendung oder Internetseite nutzen Sie am häufigsten, wenn Sie sich zu Wirtschaftsthemen und Unternehmen informieren wollen? Nennen Sie mir bitte die drei für Sie wichtigsten Angebote mit den genauen Titeln." (n Bevölkerung = 960, n Entscheider = 252; Datenerhebung durch forsa Gesellschaft für Sozialforschung und statistische Analysen mbH [Berlin]).

General-Interest-Medien sind entscheidend

Auf nationaler Ebene orientieren sich die Menschen vor allem an den Medien „Spiegel", „Tagesschau", „focus", „spiegel online", „Frankfurter Allgemeine Zeitung" und „Süddeutsche Zeitung". Diese Titel nennen die befragten Bürger als häufigste Quelle für ihre Information über Wirtschaft und Unternehmen, noch vor „ARD", „Die Zeit", „Stern" und „Bild" (vgl. Abb.20). Bei den befragten Führungskräften in der Real- und Finanzwirtschaft haben ebenfalls die General-Interest-Medien eine starke Stellung neben der Wirtschaftspresse, hier vor allem dem „Handelsblatt", der „Financial Times Deutschland" / „FT" sowie der „Wirtschaftswoche". Bei komplizierten Wirtschaftsthemen denkt man zunächst an die Wirtschaftsmedien mit ihren fachlich-spezialisierten Redaktionen. Aber: die Entscheidung über die Glaubwürdigkeit des Wirtschaftsjournalismus fällt – in den Augen der Bürger – in den General-Interest-Medien. Sind diese Redaktionen für die hohen fachlichen Anforderungen gerüstet?

Die befragten Bürger geben auch Anstöße, in welche Richtung der Journalismus sich neu orientieren sollte. Mehr wissen will die Bevölkerung vor allem zu den gesellschaftspolitischen Auswirkungen unternehmerischer Aktivitäten, weniger aber zu der früher häufig ausufernden Berichterstattung über Quartalszahlen, Unternehmensstrategien und geschäftspolitische Konzepte. Wenn Strategien vorgestellt werden, sollen sie vorrangig in ihrer Wirkung auf die Gesamtwirtschaft und die Gesellschaft analysiert werden. Jedenfalls wollen 68 % der befragten Bürger mehr erfahren über die Konsequenzen für die Umwelt, 58 % über den Einfluss der Unternehmen auf Politik und Gesellschaft und 51 % zu den Arbeitsplätzen und den Trends in der deutschen Wirtschaft.

Die befragten Bürger und Entscheider favorisieren also einen thematisch breiteren Wirtschaftsjournalismus, der sich aus der Fixierung auf Unternehmen und deren Geschäftsverläufe löst und die Bezüge zwischen Gesellschaft und Unternehmen herstellt. Gewünscht und von der Bevölkerung nachgefragt wird eine stärker gesellschaftspolitische Ausrichtung des Wirtschaftsjournalismus, der z. B. aktiv, unbequem und kritisch bei Politikern nachfragt, die betonen, sie streben keine „Transferunion" an und im gleichen Atemzug wirtschaftspolitische Instrumente vorschlagen, die eben diese Transferzahlen beinhalten – nur unter anderen Bezeichnungen. Wichtig wird in meinen Augen, ob es den Wirtschaftsjournalisten gelingt, die interessengeleiteten PR-Argumentationen der Politiker und Wirtschaftsvertreter zu entzaubern, PR-Begriffe wie „Rettungspaket" zu vermeiden und stattdessen etwa von „Kreditpaket" oder „Bürgschaften" zu sprechen – das heißt, Worte zu benutzen, die die Bürger auch verstehen und nachvollziehen können.

Nachgefragt: gesellschaftsorientierte Unternehmensberichte

Gleiches gilt auch für die traditionelle Unternehmensberichterstattung, die häufig eine Fülle von Zahlen, Statistiken, Anglizismen oder inhaltsleere Worthülsen aus dem Arsenal der Marketingfachleute enthält. In der Gemeinschaftsstudie der Universität Hohenheim und der ING-DiBA AG wurden auch die Unternehmensberichte in einigen Leitmedien inhaltsanalytisch untersucht. Die Auswertung zeigt, dass diese Medien bereits im großen Umfang den Bürgerwünschen nachkommen und viele Redaktionen schon vor der Eurokrise die Schwerpunkte ihrer Wirtschaftsberichterstattung verändert hatten. Über reine Unternehmensberichte hinaus werden verstärkt Themen mit wirtschaftlicher Relevanz behandelt, wie Energiewende oder die Arbeitnehmerfreizügigkeit. Bei den untersuchten Leitmedien macht zwar die klassisch eng auf einzelne Unternehmen fixierte Berichterstattung mit 40 % das Gros der untersuchten Artikel aus. Schwerpunktthemen sind hier Unternehmensstrategie/Geschäftspolitik (52 %), Geschäftszahlen (49 %), Manager (25%), Organisationsentwicklung und Personalfragen (25 %) sowie Produkte/Dienstleistungen (19 %). Demgegenüber verlässt aber bereits ein Drittel der analysierten Artikel (33 %) diese ausschließlich wirtschaftliche Betrachtung und stellt Unternehmen unter gesellschaftlichen und/oder politischen Aspekten dar.

Um nicht missverstanden zu werden, auch in der gesellschaftsorientierten Unternehmensberichterstattung spielen Strategien, geschäftspolitische Entscheidungen oder personelle bzw. organisatorische Konstellationen in den Unternehmen eine Rolle (vgl. Abb.21), aber wichtige thematische Bezüge sind ordnungs- und wirtschaftspolitische Erwägungen (58%), politische Instrumente wie Subventionen (23%), Kooperationen zwischen Wirtschaft und Politik (13%) sowie die Auswirkungen der Unternehmenstätigkeit auf Politik, Gesellschaft und Umwelt (13%). Nicht mehr die an der Betriebswirtschaftslehre (BWL) orientierte Betrachtung eines Unternehmens steht im Mittelpunkt des redaktionellen Interesses, sondern die eher an der Volkswirtschaftslehre (VWL) orientierte Analyse der Funktion wirtschaftlicher Entscheidungen. Die Zusammenhänge zwischen Wirtschaft, vor allem dem Finanzsystem, und der Gesellschaft werden als Kontext für die Bewertung der Unternehmen herangezogen. In der gesellschaftsorientierten Unternehmensberichterstattung kommen neben Vertretern der Wirtschaft vor allem Politiker und andere Experten zu Wort. Die Zeit der klassischen Unternehmensberichterstattung, in der nahezu ausschließlich Wirtschaftsvertreter zitiert werden und sich mit ihrer „Binnensicht" der Dinge äußern, scheint zu Ende zu gehen. Jedenfalls möchte die große Mehrheit der befragten Bevölkerung, dass der Wirtschaftsjournalismus sich aus der betriebswirtschaftlichen Fixierung auf Unternehmen löst und verstärkt volkswirtschaftliche Fragen beantwortet. Die BWL-Perspektive des Unternehmens ist nur eine Sichtweise – aber die des Bürgers, Steuerzahlers und Arbeitnehmers ist eine andere – nämlich die VWL-orientierte. Und diese Perspektive wird aus Sicht des

Abbildung 21: Perspektivenwechsel in der Unternehmensberichterstattung: Themenprofil ausgewählter, wirtschaftlicher Leitmedien

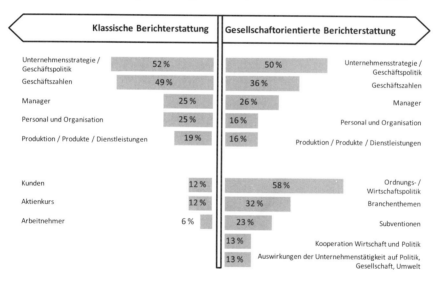

Quelle: Quantitative Inhaltsanalyse der wirtschaftlichen Leitmedien (Sample: „Handelsblatt", „Wirtschaftswoche", „manager magazin", „Frankfurter Allgemeine Zeitung", „Der Spiegel"); Gemeinschaftsstudie der Universität Hohenheim und ING-DiBa AG; Januar bis Juni 2010; Angaben: Anteile der Artikel mit den entsprechenden Themen; Mehrfachzuordnungen; n = 295 / 238 Artikel (in 22 Ausgaben der 5 untersuchten Leitmedien).

breiten Publikums wichtiger. Notwendig ist eine „Ent-BWLisierung" des Wirtschaftsjournalismus und die Sicht auf die volkswirtschaftlichen Kosten einer von Unternehmen geforderten Entscheidung. Das ist die neue „Nachhaltigkeit", die im Wirtschaftsjournalismus einzieht. Damit nach zwei zu spät bemerkten Krisen wenigstens die dritte rechtzeitig erkannt wird.

D. Anhang

I. Literaturhinweise zu den Umfragen bei Tageszeitungen

Weiterführende Informationen zu den einzelnen Umfragen finden Sie in folgenden Publikationen und im Internet unter der URL: https://media.uni-hohenheim.de/studie_chefredakteure.html.

Mast, Claudia (2011): Was die Leser wirklich bewegt – Wirtschaftsjournalismus in Zeiten der Krise. In: Bundesverband Deutscher Zeitungsverleger (BDZV) (Hrsg.): Zeitungen 2011/12. Berlin: ZV-Zeitungsverlag, S. 283-296.

Mast, Claudia (2011): Neuorientierung im Wirtschaftsjournalismus: Wird er seiner historischen Aufgabe gerecht? In: Wirtschaftsjournalist, Nr. 04, S. 29-31.

Mast, Claudia (2011): Nutzwert gegen Vetrauensverlust. In: medium magazin, Nr. 07/08, S. 30-31.

Mast, Claudia (2010): Gesucht – die publizistische Geschäftsidee der Zeitung. In: Bundesverband Deutscher Zeitungsverleger (BDZV) (Hrsg.): Zeitungen 2010/11. Berlin: ZV-Zeitungsverlag, S. 253-264.

Mast, Claudia (2010): Erklär mir die Welt! Täglich! In: Schwarzwälder Bote – Jubiläumssonderausgabe 02. Januar 2010, Ausgabe R.

Mast, Claudia (2009): Navigation zwischen Gefühl und Kalkül. In: Kommunikationsmanager, 12, S. 60-63.

Mast, Claudia (2009): Fit for future. In: medium magazin, 12, S. 22-24.

Mast, Claudia (2008): ABC des Journalismus. Ein Leitfaden für die Redaktionsarbeit. 11. Auflage. Konstanz: UVK.

Mast, Claudia (2008): Pressejournalismus im Internetzeitalter – Contentlieferant oder mehr? In: Estermann, Monika/Fischer, Ernst/Wittmann, Reinhard (Hrsg.): Parallelwelten des Buches. Beiträge zu Buchpolitik, Verlagsgeschichte, Bibliophilie und Buchkunst. Wiesbaden: Harrassowitz Verlag, S. 167-186.

Mast, Claudia (2007): Polarstern am Medienhimmel. In: Journalist, 04, S. 50-52.

Mast, Claudia (2007): Chefredakteure auf Leserfang – Wie Zeitungen ihre Zukunft sichern wollen. In: Bundesverband Deutscher Zeitungsverleger (BDZV) (Hrsg.): Zeitungen 2007. Berlin: ZV-Zeitungsverlag, S. 136-147.

Mast, Claudia (2007): Journalismus im digitalen Wertschöpfungsprozess. Content-Lieferant oder mehr? In: Möhring, Wiebke/Schütz, Walter J./Stürzebecher, Dieter (Hrsg.): Journalistik und Kommunikationsforschung. Berlin: Vistas, S. 219-232.

Mast, Claudia (2007): Zeitungsjournalismus – quo vadis? Eine Umfrage unter Chefredakteuren. In: new business Report, 08, S. 20-22.

Mast, Claudia (2006): Print – der Kompass im Informationsdschungel der Netze. In: medienimpulse, 70, Dezember, S. 3-4.

Mast, Claudia (2004): Emotionalisierung der Wirtschaftsberichterstattung. In: Marketing intern, 01, S. 36-40.

Mast, Claudia (2003): Journalismus im Internet-Zeitalter. Content-Lieferant oder mehr? In: DJV Blickpunkt, 01, S. 5-14; nochmals veröffentlicht in: Journalist 02/2003, S. 2-6 (Online-Ausgabe).

Mast, Claudia/Spachmann, Klaus (2003): Krise der Zeitungen: Wohin steuert der Journalismus? Ergebnisse einer Umfrage unter Chefredakteuren und Schlussfolgerungen. Reihe Kommunikation & Management, Bd. 2. Stuttgart: Universität Hohenheim.

Mast, Claudia (2002): Kurskorrektur: Wohin steuert die Wirtschaftsberichterstattung? In: Wirtschaftsjournalist, 06, S. 38-39.

II. Verzeichnis der Abbildungen

III.   Schriftenreihe „Kommunikation & Management" im Überblick

In dieser Schriftenreihe werden ausgewählte Studien und Projekte des Fachgebietes Kommunikationswissenschaft und Journalistik der Universität Hohenheim (Stuttgart) vorgestellt und analysiert. Die Schriftenreihe wird von Prof. Dr. Claudia Mast Fachgebiet Kommunikationswissenschaft und Journalistik der Universität Hohenheim (Stuttgart) herausgegeben. ISSN 1612-3492 – Schutzgebühr pro Band 15 EUR

Mast, Claudia (2011): Zeitungsjournalismus im Internetzeitalter – Umfragen und Analysen, Bd. 10: Stuttgart, 70 Seiten.

Mücke, Daniel (2009): Change – Spontane Assoziationen und Einstellungen. Bd. 9: Stuttgart, 46 Seiten.

Mast, Claudia (2008): Change Communication zwischen Gefühl und Kalkül. Bd. 8: Stuttgart, 26 Seiten.

Huck, Simone / Malinowski, Agnes / Stehle, Helena (2007): Glaubwürdigkeit im Fokus des Journalismus. Bd. 7: Stuttgart, 56 Seiten.

Huck, Simone (2005): Glaubwürdigkeit: Erfolgsfaktor für die Unternehmenskommunikation. Bd. 6: Stuttgart, 74 Seiten.

Mast, Claudia (2004): Mitarbeiterzeitschriften im Zeitalter des Intranet. Bd. 5: Stuttgart, 98 Seiten.

Mast, Claudia / Huck, Simone / Güller, Karoline (2003): Kundenkommunikation. Bd. 4: Stuttgart, 85 Seiten.

Maier, Michaela (2003): Auslandsberichterstattung nach dem 11. September 2001. Bd. 3: Stuttgart, 80 Seiten.

Mast, Claudia / Spachmann, Klaus (2003): Krise der Zeitungen: Wohin steuert der Journalismus? Bd. 2: Stuttgart, 62 Seiten.

Mast, Claudia (2003): Crossmedia in der internen Unternehmenskommunikation. Bd. 1: Stuttgart, 51 Seiten.

Kontakt
Universität Hohenheim
Prof. Dr. Claudia Mast
Lehrstuhl für Kommunikationswissenschaft und Journalistik
Fruwirthstraße 49, 70599 Stuttgart
https://media.uni-hohenheim.de
E-Mail: sekrkowi@uni-hohenheim.de

Medien: Forschung und Wissenschaft

Claudia Mast, Helena Stehle, Florian Krüger

Kommunikationsfeld Strom, Gas und Wasser – brisante Zukunftsthemen in der öffentlichen Diskussion

LIT

Claudia Mast; Helena Stehle; Florian Krüger
Kommunikationsfeld Strom, Gas und Wasser – brisante Zukunftsthemen in der öffentlichen Diskussion
Kompliziert, komplex und kontrovers – die öffentliche Diskussion rund um Strom, Gas und Wasser ist und bleibt ein schwieriges Kommunikationsfeld für die, die mitreden wollen: Energieversorger, Parteien und Politiker, Verbraucherschützer oder Medien. Die Auseinandersetzung ist seit jeher von großen Konfliktlinien und Schlüsselereignissen (z. B. Tschernobyl, Fukushima) geprägt. Die Kommunikation über die künftige Energie- und Wasserversorgung bleibt auch nach der Energiewende für die Branche und andere Akteure aus Wirtschaft, Politik und Gesellschaft hoch brisant.
Die Publikation dokumentiert Ergebnisse einer umfassenden Studie zum Kommunikationsfeld und gibt Hinweise für die Praxis erfolgreichen Kommunikationsmanagements zu Energie- und Wasserthemen.
Bd. 26, 2011, 208 S., 19,90 €, br., ISBN 978-3-643-11284-2

LIT Verlag Berlin – Münster – Wien – Zürich – London
Auslieferung Deutschland / Österreich: siehe Impressumsseite

Claudia Mast

Innovationen in der Unternehmenskommunikation
Ergebnisse von Umfragen bei DAX-Unternehmen,
Analysen und Meinungen

LIT

Claudia Mast
Innovationen in der Unternehmenskommunikation
Ergebnisse von Umfragen bei DAX-Unternehmen, Analysen und Meinungen
Technische, wirtschaftliche und gesellschaftliche Entwicklungen haben neue Rahmenbedingungen für die Kommunikation in und von Unternehmen geschaffen. Kommunikationsfachleute sehen sich stetig neuen Herausforderungen und Risiken gegenüber, die es zu erkennen und zu bewältigen gilt. Dazu zählen z. B. die Optimierung des Intranet oder der Einsatz von Web 2.0-Formaten in der Kommunikation nach innen und außen. Diese Innovationen in der Unternehmenskommunikation sowie die Ursachen für die wachsende Beliebtheit beziehungsorientierter PR-Maßnahmen in der Kundenkommunikation waren unter anderen Themen der langfristig ausgelegten, regelmäßig durchgeführten Studien unter namhaften und einflussreichen Unternehmen in Deutschland. Die Publikation dokumentiert Ergebnisse dieser Umfragen, in denen die Kommunikationsverantwortlichen von DAX-Unternehmen bzw. der TOP-500-Unternehmen zu aktuellen Projekten und Planungen für die nahe Zukunft befragt wurden. Die Resultate werden mit Erkenntnissen aus der wissenschaftlichen Forschung verknüpft und bieten Handlungsempfehlungen für die Praxis.
Bd. 28, 2011, 184 S., 19,90 €, br., ISBN 978-3-643-11389-4

LIT Verlag Berlin – Münster – Wien – Zürich – London
Auslieferung Deutschland / Österreich: siehe Impressumsseite

Claudia Mast, Simone Huck, Ansgar Zerfaß

Innovationskommunikation in dynamischen Märkten

Empirische Ergebnisse und Fallstudien

Medien: Forschung und Wissenschaft

LIT

Claudia Mast; Simone Huck; Ansgar Zerfaß
Innovationskommunikation in dynamischen Märkten
Empirische Ergebnisse und Fallstudien
Innovationen zu vermitteln ist komplexer, als es Unternehmen bislang angenommen haben. Es reicht nicht aus, die PR- und Marketingabteilungen am Ende des Entwicklungsprozesses einzubeziehen und dann Pressemitteilungen und Hochglanzbroschüren zu entwickeln. Das gilt ganz besonders für dynamische Märkte wie Informationstechnik und Telekommunikation: UMTS, WAP und MMS haben sich auch deshalb nicht durchsetzen können, weil die Reduktion auf drei oder vier Buchstaben an den Bedürfnissen von Verbrauchern und Journalisten vorbei geht. Gefragt ist vielmehr eine Kommunikation, die Trends und Themen aufgreift, konkreten Nutzen erlebbar macht, an persönlichen Interessen und Fachwissen der Medienvertreter ansetzt und eine rigide Vereinfachung praktiziert – dabei aber das allzu oft leichtfertig verwendete Wort „Innovation" selbst nicht überstrapaziert.
Diese Publikation dokumentiert die Ergebnisse der Studie INNOVATE 2006 bei rund 350 Kommunikationsfachleuten und Journalisten in ganz Deutschland und skizziert in mehreren Case Studies die Praxis erfolgreicher Innovationskommunikation.
Bd. 13, 2006, 144 S., 14,90 €, br., ISBN 3-8258-9754-0

LIT Verlag Berlin – Münster – Wien – Zürich – London
Auslieferung Deutschland / Österreich: siehe Impressumsseite

Beiträge zur Medienökonomie
hrsg. von Univ.-Prof. Dr. Manfred Knoche (Universität Salzburg)

Anna M. Theis-Berglmair (Hg.)
Internet und die Zukunft der Printmedien
Kommunikationswissenschaftliche und medienökonomische Aspekte
Das Internet macht traditionellen Medien(-organisationen) in vielfacher Hinsicht zu schaffen. Verlage und andere Medienakteure befinden sich in der Situation, in eine Zukunft investieren zu müssen, deren Konturen erst langsam sichtbar werden. Mithilfe einer Interpretationsfolie, welche kommunikationswissenschaftliche und medienökonomische Aspekte gleichermaßen berücksichtigt, werden die Ergebnisse verschiedener empirischer Studien (Nutzerbefragungen, bundesweite Verlagsbefragung und einzelne Fallstudien) in einen Zusammenhang gestellt und mit Blick auf künftige Entwicklungen interpretiert. Dabei kommen Wissenschaftler und Praktiker zu Wort.
Bd. 4, 3. Aufl. 2009, 264 S., 20,90 €, br., ISBN 978-3-8258-5522-2

LIT Verlag Berlin – Münster – Wien – Zürich – London
Auslieferung Deutschland / Österreich: siehe Impressumsseite